괜찮아, 그건 네 잘못이 아니야

성폭력의 사각지대에
혼자 남겨진
이들을 위한
심리 치유서

괜찮아,
그건 네 잘못이 아니야

하인츠-페터 뢰어 지음
배명자 옮김

나무의마음

일러두기

- 원주는 ●로, 옮긴이주는 ◆로 표기했습니다.
- 본문에서 도서는 『 』로, 시 한 편과 동화, 논문 등은 「 」로 표기했습니다.
- 인명, 지명 등 외국어의 우리말 표기는 국립국어원 외래어 표기법을 따르되,
  통용되는 일부 표기는 허용했습니다.

감사의 말

성폭력 피해 생존자 치료 모임에서 자신의 감정과 경험을 솔직하게 말해 주고 개인의 상담 기록을 사용할 수 있게 허락해 준 용기 있는 환자들에게 특별히 감사를 전하고 싶다. 그들의 도움 덕분에 나는 성폭력의 역학 관계를 보다 깊이 이해할 수 있었다.

그리고 때로는 격려의 말로, 때로는 건설적인 비판으로 더 좋은 글을 쓸 수 있게 도와준 아내에게도 감사의 마음을 전한다.

동화는 단순히 아이들만을 위한 이야기일까? 나는 감히 그렇지 않다고 말하고 싶다. 나는 오히려 동화가 인간 문제에 대한 영혼의 대답이라는 생각이 든다. 동화는 극적인 장면을 연출하고 무의식의 흐름을 통해 인간의 문제를 다룬다.

동화 속 영웅들은 수많은 시험을 통과하고 장애를 극복하며 극심한 고통을 견뎌 내야만 비로소 구원을 얻는다. 동화 속의 모든 고난과 역경은 좋은 결말을 위해 거쳐야 할 발달 과정이라고 할 수 있다. 동화는 언제나 해피엔드고, 영혼이 인정하는 좋은 해결책을 반드시 찾아내기 때문이다.

그런 측면에서 동화는 정신과 의사인 내게 중독 환자를 치료하는 아주 유용한 도구다. 특히 환자의 문제를 정확히 반영하는 동화는 심리 치료 과정에서 중요한 역할을 한다. 나는 치료의 한 방법으로, 환자의 상황과 일치하는 동화를 반복해서 읽으라고 권한다. 동화는 꿈이나 상상과 같은 무의식을 상징적으로 드러내기 때문에 동화를 읽다 보면 무의식을 자극하여 변화를 가져올 수 있다.

우리의 일상에 변화를 만들어 내기 위해서는 무의식이 바뀌어야 한다. 이것이 모든 심리 치료가 추구하는 목표다. 심리적 장애와 질병은 이성만으로 극복할 수 없고 논리만으로도 고칠 수 없다. 좀처럼 출구가 보이지 않는 상황에서 동화는 안내판 역할을 한다. 동화는 창의적인 치료 방법과 방향을 새롭게 설정할 때 도움을 줄 뿐만 아니라 문제를 해결할 때도 올바른 방향으로 안내한다. 동화가 제안하는 치료법, 즉 무의식의 지혜가 내놓은 해결책이 궁금하다면 이 책을 펼쳐 보자.

기쁘게도 이 책은 대단히 좋은 반향을 일으켰다. 1998년 처음 이 책이 발간된 뒤로 나는 성폭력 피해 생존자들과 그 가족들로부터 많은 피드백을 받았다.

그들은 이 책의 도움으로 자신을 더 많이 이해할 수 있게 되었고 자조 집단에 가입하고 전문가 상담을 시작할 용기를 얻었다고 이야기해 주었다. 어떤 피해자들은 입원해 있거나 통원 치료를 받는 동안 이 책을 동반자로 삼았다고 한다.

큰 관심과 사랑에 힘입어 이번에 개정판을 출간하게 되었다. 이번 개정판에는 성폭력 트라우마를 극복하기 위한 새로운 치료 전략을 추가했고, 더불어 참고 문헌도 추가했다.

이 책을 읽는 모든 독자들에게 조금이나마 도움이 되길 바라며 행운을 빈다.

2009년 12월
바트 프레데부르크에서
하인츠-페터 뢰어

그림 형제의 동화 「털북숭이 공주」를 통해
금기와 비밀의 문을 열다

성폭력은 어느 한 나라만의 문제가 아니다. 우리는 뉴스를 통해 제3
세계의 아동 성매매 실태를 접하고 충격을 받기도 하지만, 한편으로
는 그런 일이 일어나는 제3세계와 지리적으로 멀리 떨어져 있기 때
문에 성폭력 문제 역시 먼 나라의 이야기처럼 생각하기도 한다. 그
러나 성폭력은 우리와 아주 가까이 있다. 우리 가정에서 은밀하게
일어나고 있는 심각한 문제 중 하나이기 때문이다. 유럽만 해도 가
정 내에서 성폭력이 발생하는 빈도는 아주 높다. 통계 수치에 오류
나 과장이 있는 게 아닐까 싶을 정도다. 1996년 여름 오스트리아
여성부 장관이 발표한 통계에 따르면, 4명 중 1명 꼴로 열여섯 살 이
전에 성폭력을 경험한다.

　성폭력 사례의 60퍼센트 이상이 피해 생존자가 미취학 아동이

거나 초등학생일 때 발생하고, 94퍼센트가 면식범에 의해 자행된다. 쉽게 믿기지 않을 만큼 수치가 높아 보이겠지만 이것은 신뢰할 만한 통계이고, 다른 서구 산업 국가의 사정도 크게 다르지 않다.

　언론 매체들, 특히 황색 언론들은 여러 살인 사건과 마찬가지로 아동 성폭력이라는 파렴치한 범행을 자극적으로 다뤄 대중의 분노를 사고 우리 사회가 성폭력과 아동 성매매 문제에 예민해지게 했다. 그래서 가해자를 강력하게 처벌해야 한다는 목소리는 점점 높아지는 반면, 가해자의 정신 치료의 필요성을 촉구하는 목소리는 점점 줄어들고 있다. 해답은 어디서 찾아야 할까? 정신과 전문의의 입장에서 볼 때 가해자에 대한 강력한 처벌만이 근본적인 해결책이라고 보기는 어렵다. 처벌 강화는 성범죄를 중죄로 만드는 효과는 있지만 재발을 방지하는 데는 큰 역할을 못하기 때문이다.

　세상을 떠들썩하게 하는 성폭력 사건이 벌어지고 성폭력 대책을 위한 다양한 토론이 열리지만, 친족에 의한 아동 성폭력이 숱하게 일어나는 사실을 직시하는 사람은 드물다. 수많은 성폭력 사건이 여전히 수박 겉핥기 식으로 다뤄지고 여전히 철저하게 외면당하고 있다. 결국 많은 피해 생존자들이 홀로 남겨진다.

　성폭력을 당한 사람의 심적 고통은 감히 헤아릴 수 없을 정도다. 그들은 평생을 트라우마에 시달리며 고통 속에 산다. 어쩌면 겉으로 드러난 성폭력 피해 생존자 수는 빙산의 일각일지도 모른다. 성폭력 피해 사실을 숨기는 사람들이 훨씬 더 많을 것이고, 그들은 자신의 몸과 마음과 영혼에 무슨 일이 자행되었는지 결코 말하지 않을지도 모른다. 성폭력 피해 생존자가 주로 여성이긴 하지만 그에 못지않게 남성도 많다는 것을 간과해선 안 된다. 특히 남성 피해 생존자들은 극심한 수치심 때문에 성폭력 피해 사실을 더더욱 숨기려는 경향이 있다.

중독 성향의 장애(일 중독이나 텔레비전 중독 등)나 중독 질환들은 성적 착취에서 비롯된 경우가 많다. 중독 물질의 오남용이나 잦은 빈도로 특정 행위를 하는 것은 중독에 속한다. 앞으로 차차 밝히겠지만 성폭력 가해자 역시 성을 오남용해서 어떤 문제를 해소하려는 경향이 있다.

중독 환자들을 치료하다 보면 성적 착취가 늘 치료의 중심 주제가 된다. 이 문제를 근본적으로 해소하거나 충분히 다루지 않으면, 중독 질환이 완치된 것처럼 보이더라도 나중에 재발할 확률이 매우 높다. 그러나 성폭력 피해 생존자들은 수치심이 너무 심해서 의사에게조차 자신의 경험을 털어놓지 못하는 경우가 많다. 그럴 때 피해 생존자들이 용기를 내어 치료에 도움을 줄 전문가를 직접 찾아가 문제를 해결하기를 기다리는 수밖에 없다.

성폭력은 한 사람의 인격을 짓밟는 심각한 공격이다. 성폭력 피해 생존자는 거의 예외 없이 몸과 마음에 상처를 입고 심한 경우에는 정신병까지 앓게 된다. 이런 범행을 당하고 홀로 견뎌야만 했던 사람들은 자존감에 상처를 입고 스스로를 미워하며 자주 비극적 인간관계를 맺는다.

성폭력 이후 피해 생존자들이 겪는 문제는 매우 다양하다. 그들은 정체성 문제, 성적 장애, 심신 상관 질환, 결벽증, 우울증, 자해, 술·마약·약물에 의존하는 중독 질환과, 과식증이나 거식증 같은 섭식 장애로 인해 치료를 받으러 온다.

상담을 시작하면 그들은 먼저 자신들이 겪고 있는 다양한 고통이나 문제에 대해 이야기한다. 처음부터 바로 성폭력 피해 경험을 말하는 경우는 드물다. 수치심 때문에, 그리고 드물지 않게 성폭력 문제보다 가족의 비밀과 금기가 우선시되기 때문이다. 유년기나 청소년기에 큰 두려움을 준 "비밀로 하라"는 엄명, 그리고 그 자체로 굉장히 위협적인 특정 행위들이 피해자로 하여금 차마 사실을 털어 놓지 못하게 하는 것이다. 그렇기 때문에 성폭력 피해 생존자는 성인이 되어서도 계속 비밀을 지키려 한다.

있어서는 안 될 경험을 한 성폭력 피해 생존자는 그 기억을 어떻게 처리할까? 가장 많이 시도하는 것은 그냥 잊어버리는 것이다. 즉 의식에서 지워 버린다. 그래서 피해 생존자 중에는 성폭력 피해 경험을 전혀 기억하지 못하는 경우도 간혹 있다.

"성폭력이 있었나요?" 이런 질문을 받으면 즉각 "아니오"라고 대답한다. 성폭력 피해에 관한 기억이 완전히 지워진 것이다. 그러나 상흔마저 사라진 것은 아니어서 그것은 기이한 방식으로 의식에 남게 된다. 많은 생존자들이 이렇게 생각한다.

'그런 비극이 정말 내게 일어났을까? 아버지가 내게 그렇게 파렴치한 짓을 했던 게 사실일까? 나만의 착각은 아닐까? 나의 (병든) 정신이 만들어 낸 허상에 불과한 건 아닐까? 나도 날 못 믿겠

어……'

이처럼 스스로를 의심하는 환자의 경우, 치료의 시작은 자신의 지각 능력을 스스로 믿게 하는 것이다. 성폭력 피해 생존자들의 경우 다양한 증상을 보이지만 공통점 또한 발견할 수 있다.

예를 들면 그림 형제의 동화 「털북숭이 공주」에서는 근친 강간, 즉 아버지에 의한 성폭력의 비극이 비유적으로 그려진다. 성폭력의 주요 증상과 특징, 그리고 과정이 그 안에 담겨 있다. 나는 이 동화를 바탕으로 성폭력 문제를 최대한 폭넓게 조망하고자 한다.

성폭력은 많은 경우 잘 아는 사람에 의해 일어난다고 앞에서 밝힌 바 있다. 예를 들면 계부, 친척, 손위 형제자매, 가까운 이웃 등이다. 그런데 아동 성폭력에서 가장 많이 일어나는 형태는 부녀 사이의 성폭력이다. 이런 경우 성폭력 피해 생존자는 더욱 극심한 고통을 겪게 되는데, 그 이유가 성폭력 가해자와 피해 아동 사이의 정서적 관계 때문이다. 아이는 사랑하는 사람에 대한 신뢰가 무너지고 마음의 상처를 입을 뿐 아니라, 협박 같은 무서운 처벌과 함께 절대적인 침묵을 강요당한다. 나는 이것이야말로 성적 착취가 낳은 가장 근본적인 비극이라고 생각한다.

프로이트가 일찍이 지적한 바에 따르면, 성폭력을 당한 아이는 이후의 삶에서도 같은 경험을 계속할 확률이 크고 비극을 반복하는 데 무의식적으로 동참한다. 성폭력 피해 생존자가 나중에 가해자가 되는 경우도 간혹 있는데, 이것 역시 앞으로 다루게 될 것이다.

동화에는 확고한 낙관주의로 치유와 구원이 있다는 믿음을 주는 힘이 있다. 동화는 언제나 행복한 결말로 끝나니 말이다.

그런 의미에서 이 책의 1부에서는 「털북숭이 공주」라는 동화를 이용해 성폭력 문제를 심도 있게 다루고 치료 방법을 찾고자 한다. 특히 성폭력 피해 생존자들이 읽는다면 스스로를 이해하는 데 도움이 될 것이다.

2부에서는 내가 중독 환자들을 치료하면서 가장 자주 만났던 다른 형태의 아동 학대를 다룬다. 예를 들어 아이가 다음과 같은 학대를 당할 때 그 결과는 성폭력과 유사한 결과를 낳는다.

- 부모가 불행의 책임을 노골적으로 혹은 암시적으로 아이에게 전가할 때
- 아이가 부모의 배우자 역할, 즉 아내 노릇이나 남편 노릇을 대신해야 한다거나, 아이와 부모의 관계가 과도하게 밀착되었을 때
- 부모가 이루지 못한 꿈을 아이가 대신 이뤄야만 할 때
- 신체적 학대를 받을 때

3부에서는 섹스 중독 환자의 솔직한 경험담을 읽게 될 것이다. 이 책에 이런 내용까지 담은 이유는 성폭력과 중독의 연관성을 명확히 밝히기 위해서다.

이 책이 심리 치료에 새로운 장을 열길 바란다. 독서 치료란 독서를 통해 심리적 장애를 더 깊이 이해하는 것이다. 이런 이해는 안도감을 주고 도움을 요청할 용기를 북돋운다. 비극적 운명에 처한 사람이 나뿐만이 아니라는 사실을 알 수 있고, 그러면서 딜레마에서 벗어나는 길도 찾게 될 것이다.

나는 중독 환자들을 치료하면서 성폭력이라는 주제를 가능한 한 공공연하게 다루려 했다. 환자가 솔직해지지 않으면 치료는 결국 실패하기 때문이다. 성폭력 피해 생존자가 그 경험을 숨기는 것은 전형적으로 나타나는 장애다. 그러나 환자들이 이해받는 듯한 기분을 느끼고 의사에 대한 신뢰가 쌓이면 자신의 심리적 문제와 고통을 털어놓는다. 더 나아가면 성폭력 피해 경험까지 이야기하기 시작한다. 치유는 바로 여기에서부터 시작된다.

1부

털북숭이 공주의 운명 :
가정에서의 성폭력

고통을 다른 사람에게 알리는 것은 정신 건강에 더할 나위 없이 중요하다.
독일어로 '알리다mitteilen'라는 말은
'함께mit'라는 단어와 '나누다teilen'라는 단어가 합쳐진 말로,
그 안에는 이미 중요한 관점이 담겨 있다.
'고통을 알린다'는 말은 다른 사람과 고통을 나누고,
그들의 도움을 받아들인다는 뜻이다.

그림 형제 동화
「털북숭이 공주」

옛날 옛날에 어느 왕이 살고 있었습니다. 왕에게는 세상에서 가장 아름다운 금발의 왕비가 있었지요. 그런데 어느 날 왕비가 병에 걸려 앓아눕고 말았습니다. 자신이 앞으로 얼마 살지 못할 것을 예감한 왕비는 왕에게 말했습니다.

"제가 죽은 뒤 새 왕비를 맞는다면 반드시 저처럼 아름다운 금발의 여자를 찾으셔야 해요. 그렇게 하겠다고 약속해 주세요."

왕이 약속하고 얼마 지나지 않아 왕비는 숨을 거두었습니다.

왕비가 죽은 뒤 왕은 오랫동안 슬픔에 잠겨 있었습니다. 새 왕비를 맞이할 생각도 없이 슬픔에 빠져 있는 왕에게 고문관들이 청했습니다.

"이제 그만 슬픔을 거두시고 새로운 왕비를 맞이하십시오."

고문관들의 청을 들은 왕은 왕국 곳곳에 신하들을 보내 죽은 왕비만큼 아름다운 금발의 여자를 찾도록 했습니다. 그러나 신하들이 아무리 돌아다녀도 죽은 왕비만큼 아름다운 여자는 찾을 수 없었습니다. 어쩌다 아름다운 여자를 찾는다 해도 금발이 아니었습니다. 결국 신하들은 아무런 성과 없이 성으로 돌아가야 했습니다.

왕에게는 예쁜 딸이 한 명 있었습니다. 그녀는 죽은 왕비만큼 아름다운 데다 금발이었습니다. 어느 날 왕은 자신의 딸이 죽은 왕비와 많이 닮았다는 걸 깨닫고, 순간적으로 딸에게 뜨거운 사랑을 느꼈습니다. 왕이 고문관들에게 말했습니다.

"공주와 결혼해야겠다. 죽은 왕비를 그대로 빼다박지 않았느냐. 공주 말고는 죽은 왕비와 닮은 상대를 찾을 수가 없구나."

이 말을 들은 고문관들이 놀라서 대답했습니다.

"아버지와 딸의 결혼은 신께서 금한 죄입니다. 죄는 재앙을 낳을 뿐입니다. 왕국이 멸망하고 말 것입니다."

왕의 결심을 전해 들은 공주는 누구보다 큰 충격을 받았습니다. 공주는 어떻게든 왕의 마음을 바꿀 방법을 생각했습니다. 그러고는 왕에게 말했습니다.

"아버지와 결혼을 하기 위해서는 먼저 세 벌의 옷이 필요해요. 해와 같은 금빛의 옷, 달과 같은 은빛의 옷, 그리고 별처럼 빛나는 옷을 구해 주세요. 그리고 왕국에 있는 모든 짐승의 가죽을 조금씩 잘라 망토를 만들어 주시면 아버지와 결혼하겠어요."

공주는 속으로 생각했습니다.

'아무리 아버지라도 그런 옷을 준비할 수는 없을 거야. 아버지도 결국 마음을 바꾸게 될 거야.'

그러나 왕은 포기하지 않았습니다. 왕은 가장 솜씨 좋은 여자들을 불러 해와 같은 금빛의 옷, 달과 같은 은빛의 옷, 별처럼 빛나는 옷을 만들게 했고, 사냥꾼들에게는 왕국의 모든 짐승을 잡아 가죽을 조금씩 잘라내 망토를 만들도록 명했습니다. 마침내 모든 작업이 끝나자 왕은 공주 앞에 옷을 펼쳐 보이며 말했습니다.

"내일 결혼식이 열릴 것이다."

왕의 마음을 돌이킬 수 없다는 것을 깨달은 공주는 도망치기로 결심했습니다. 모두가 잠든 밤, 공주는 조용히 일어나 왕이 만들어 준 옷들과 황금 반지, 황금 물레, 황금 실패를 챙겼습니다. 해와 달과 별과 같은 드레스들을 작은 보따리 속에 넣고, 온갖 짐승의 가죽으로 만든 망토를 두르고 얼굴과 손에 검댕을 발랐습니다. 공주는 신에게 운명을 맡기고 왕궁을 빠져나왔고, 밤새도록 도망친 끝에 어느 숲에 다다랐습니다. 그제서야 피곤이 몰려왔습니다. 공주는 속이 빈 고목 속으로 들어가 그대로 잠이 들었습니다.

다음날 아침, 해가 솟았지만 공주는 여전히 깊은 잠에 빠져 있었습니다. 한낮이 될 때까지 공주는 자고 또 잤습니다.

마침 그때 이 숲을 다스리는 왕자가 사냥꾼들과 함께 사냥을 나왔습니다. 사냥개들이 고목으로 달려가 냄새를 맡고 주변을 맴돌며 짖어 댔습니다. 왕자가 사냥꾼들에게 말했습니다.

"저 고목 안에 무엇이 있는지 보고 오너라."

왕자의 명령에 따라 고목을 살펴본 사냥꾼이 말했습니다.

"고목 안에 웬 짐승이 누워 있는데 어디서도 본 적이 없는 동물입니다. 온갖 짐승의 털이 달려 있는데 아직 자고 있습니다."

왕자가 말했습니다.

"산 채로 잡아 마차에 묶어 데려가자."

사냥꾼들이 가까이 다가오자 깜짝 놀라 잠에서 깬 공주는 사냥꾼들에게 애원했습니다.

"저는 아버지와 어머니가 없는 불쌍한 계집이니 자비를 베풀어 저를 살려주세요."

그러자 사냥꾼들이 말했습니다.

"털북숭이야, 너는 부엌에서 일하면 제격이겠다. 같이 가자. 마침 아궁이의 재를 치울 부엌데기가 필요했단다."

그리하여 공주는 끌려가다시피 마차에 올랐고, 마차는 왕자의 성으로 향했습니다. 사냥꾼들은 빛이 전혀 들어오지 않는 계단 아래 작은 벽장으로 공주를 데려갔습니다.

"이봐 털북숭이, 앞으로 여기서 지내도록 해."

그 후 부엌으로 보내진 공주는 물과 장작을 나르고, 불을 때고, 닭 털을 뽑고, 야채를 다듬고, 재를 치우는 등 온갖 궂은일을 도맡아 하며 힘든 하루하루를 보냈습니다.

그러던 어느 날 성에서 무도회가 열렸습니다. 털북숭이 공주가 요리사에게 물었습니다.

"저도 잠시만 무도회를 구경하면 안 될까요? 밖에서 살짝만 보고 올게요."

요리사가 대답했습니다.

"좋아. 하지만 재를 치워야 하니까 꼭 30분 안에 돌아와야 해."

공주는 등불을 들고 계단 아래 벽장으로 가서 지저분한 옷을 벗고 얼굴과 손에 묻은 검댕을 지웠습니다. 그러자 공주의 아름다운 모습이 다시 드러났습니다. 공주는 작은 보따리를 풀어 해와 같은 금빛 드레스를 꺼내 입고 무도회장으로 갔습니다.

그녀가 털북숭이라는 걸 알아보는 사람은 아무도 없었습니다. 그저 다른 나라 공주일 거라 생각하고 그녀에게 길을 터 주었습니다. 그때 왕자가 공주에게 다가와 손을 내밀며 춤을 청했습니다. 왕자는 공주에게서 눈을 떼지 못했습니다.

'이렇게 아름다운 여인이 어디서 왔을까?'

춤이 끝나자 왕자와 공주는 허리를 굽혀 서로 인사했고, 인사가 끝나자마자 공주는 서둘러 무도회장을 빠져나갔습니다. 왕자가 주변을 둘러보았지만 공주는 이미 보이지 않았습니다. 신하들에게 물어보아도 공주가 어디로 갔는지 아는 사람은 없었습니다. 성문을 지키는 보초병들 중에서도 공주를 본 사람은 아무도 없었습니다.

한편 공주는 부엌 계단 아래 벽장으로 달려와 서둘러 드레스를 벗었습니다. 그리고 얼굴과 손에 검댕을 바르고 온갖 짐승의 가죽으로 만든 망토를 걸쳤습니다. 공주는 다시 털북숭이가 되었습니다. 털북숭이 공주가 아궁이의 재를 치우려 할 때 요리사가 말했습니다.

1부 털북숭이 공주의 운명 : 가정에서의 성폭력

"그건 아침까지 그냥 둬도 괜찮을 것 같으니 이리 와서 왕자님
께 올릴 수프를 끓이도록 해. 나도 잠깐 무도회를 구경하고 올 테니.
수프에 털이 하나라도 들어가면 큰일 날 줄 알아. 그랬다가는 앞으
로 쫄쫄 굶게 될 거야!"

요리사가 부엌을 나가고 털북숭이 공주는 정성껏 수프를 끓였
습니다. 그러고는 벽장에서 황금 반지를 가져와 수프에 넣었습니다.
무도회를 마친 왕자가 수프 맛을 보며 칭찬을 했습니다.

"이렇게 맛있는 수프는 처음이군."

그때였습니다. 왕자가 수프에서 황금 반지를 발견했습니다.

"이게 대체 어떻게 여기 들어간 거지? 당장 요리사를 불러오
너라."

왕자의 명령을 전해 듣고 겁에 질린 요리사는 털북숭이에게 말
했습니다.

"네가 수프에 털을 빠트린 거지? 정말로 그랬다면 널 가만두지
않겠어!"

요리사가 모습을 드러내자 왕자가 물었습니다.

"수프를 끓인 자가 누구냐?"

"제가 끓였습니다."

요리사의 대답을 들은 왕자가 말했습니다.

"너는 지금 거짓말을 하고 있구나. 오늘 수프는 그동안 먹던 것
과는 확연히 맛이 달랐다. 훨씬 맛있었어."

그러자 요리사가 머뭇거리며 대답했습니다.

"사실은…… 털북숭이가 끓였습니다."

왕자가 말했습니다.

"가서 털북숭이를 올려 보내라."

털북숭이 공주가 오자 왕자가 물었습니다.

"너는 누구냐?"

공주가 대답했습니다.

"저는 아버지와 어머니가 없는 불쌍한 계집입니다."

왕자는 또다시 물었습니다.

"어째서 내 성에 있느냐?"

"저는 부엌데기 말고는 아무 쓸모 없는 계집입니다."

"수프에 있던 황금 반지는 어디서 났느냐?"

"반지라니요? 무슨 말씀이신지 모르겠습니다."

왕자는 아무것도 알아내지 못한 채 털북숭이 공주를 다시 돌려보낼 수밖에 없었습니다.

얼마 후 다시 무도회가 열렸습니다. 이번에도 털북숭이 공주는 요리사에게 잠시 구경을 하고 오겠다고 청했습니다. 요리사가 대답했습니다.

"좋아. 하지만 30분 내로 돌아와서 왕자님께 올릴 수프를 끓이도록 해."

털북숭이 공주는 벽장으로 달려가 재빨리 세수를 하고 보따리에서 달과 같은 은빛 드레스를 꺼내 입고 무도회장으로 갔습니다. 사람들은 그녀가 털북숭이일 거라고는 짐작도 못 한 채 다른 나라 공주일 거라고 생각했습니다.

왕자는 공주를 다시 만나 몹시 기뻤습니다. 두 사람은 또다시 함께 춤을 췄습니다. 춤이 끝나자 이번에도 공주는 재빨리 사라졌고, 왕자는 공주가 어디로 갔는지 알 수 없었습니다.

공주는 벽장으로 달려가 다시 온갖 짐승의 가죽으로 만든 망토로 갈아입고 부엌으로 가서 수프를 끓였습니다. 요리사가 무도회장에 간 사이 털북숭이 공주는 이번에는 황금 물레를 수프에 넣어 왕자에게 올렸습니다.

왕자는 지난번처럼 수프를 아주 맛있게 먹고는 요리사를 불렀습니다. 이번에도 요리사는 털북숭이가 수프를 끓였다고 자백할 수밖에 없었습니다. 털북숭이 공주는 다시 왕자 앞으로 불려 갔지만 이번에도 같은 대답을 했습니다.

"저는 부엌데기 말고는 아무 쓸모 없는 계집입니다."

그러면서 황금 물레에 대해선 아무것도 모른다고 시치미를 뗐습니다.

왕자가 세 번째 무도회를 열었을 때도 털북숭이 공주는 요리사에게 똑같은 청을 했습니다.

요리사가 말했습니다.

"털북숭이, 넌 마녀가 틀림없어. 매번 수프에 뭔가를 넣어서 왕자님이 내가 끓인 수프보다 네 것을 더 맛있게 드시도록 하니까."

그러나 요리사는 이번에도 털북숭이에게 무도회를 구경해도 좋다고 허락했습니다. 털북숭이 공주는 별처럼 빛나는 드레스를 입고 무도회장에 갔습니다. 왕자는 이번에도 공주와 춤을 추며 마음속으로 이렇게 생각했습니다.

'오늘 공주의 모습은 그 어느 때보다 아름답구나!'

왕자는 춤을 추면서 황금 반지를 공주의 손가락에 몰래 끼웠습니다. 그리고 연주자들에게 아주 긴 곡을 연주하라고 명령했습니다.

춤이 끝났을 때 왕자는 공주를 붙잡으려 했지만 공주는 그의 손을 뿌리치고 사람들 사이로 황급히 사라졌습니다. 공주는 재빨리 계단 아래 벽장으로 갔습니다. 그러나 무도회장에 너무 오래 머무른 탓에 아름다운 드레스를 갈아입을 시간이 없었습니다. 할 수 없이 공주는 드레스 위에 망토를 두르고 손과 얼굴에 검댕을 발랐지만, 너무 서두른 나머지 한 손가락에는 미처 검댕을 바르지 못했습니다.

털북숭이 공주는 다급하게 부엌으로 달려가 수프를 끓이고 요리사가 자리를 비운 사이 황금 실패를 수프에 넣었습니다. 왕자가 수프에서 황금 실패를 발견하고 다시 털북숭이를 불렀습니다. 그때 왕자는 털북숭이의 손가락 하나가 하얗다는 사실과 자기가 몰래 끼웠던 반지를 발견했습니다.

왕자는 털북숭이의 손을 낚아채듯 붙잡았습니다. 털북숭이 공주가 손을 뿌리치고 도망치려 할 때, 입고 있던 망토가 약간 벗겨지며 별처럼 빛나는 드레스가 보였습니다. 왕자가 망토를 벗기자, 금발에 아름답게 빛나는 공주의 모습이 드러났습니다. 검댕과 재를 씻어 낸 공주는 세상에서 가장 아름다웠습니다. 왕자가 말했습니다.

1부 털북숭이 공주의 운명 : 가정에서의 성폭력

"내 사랑, 나의 신부가 되어 주시오. 아무도 우리를 갈라놓지 못할 것이오."

그리하여 왕자와 공주의 결혼식이 열렸고, 두 사람은 오래오래 행복하게 살았습니다.[*]

• 그림 형제, 『그림 형제 동화집』, 아르테미스·빈클러 출판, 1997.

동화 「털북숭이 공주」는 극적인 사건으로 시작된다. 왕이 세상에서 가장 아끼는, 아름다운 금발 왕비의 죽음이 임박한 것이다. 왕의 입장에서 생각하면 왕비를 살리기 위한 그의 몸부림을 이해할 수 있다. 왕은 지푸라기라도 잡는 심정으로 왕비의 죽음을 막기 위해 모든 수단을 동원할 것이다. 그러나 결국 잔인한 현실 앞에서 왕은 절망에 빠진다.

왕은 죽어가는 왕비에게 약속을 해야 했다. 왕비와의 약속대로 새 왕비를 맞으려면 왕은 죽은 왕비만큼 아름다운 신부를 찾아야 한다. 이 약속에는 독특한 메시지가 담겨 있다. 어째서 왕비는 이런 약속을 해 달라고 했을까? 혼자 남겨질 남편을 걱정해서일까, 아니면 숨겨진 다른 뜻이 있는 걸까?

동화를 분석할 때는 바로 이런 독특하고 모순된 메시지에 주의를 기울여야 한다. 이것은 결코 단순히 분량을 채우기 위해 끼워 넣은 내용이 아니다. 우리는 동화를 분석한 말미에서 다시 한 번 왕비의 이 독특한 요청을 만나게 될 것이다. 거의 모든 동화가 항상 도입부에서 결말을 암시한다. 「털북숭이 공주」 역시 왕과 왕비의 작별 장면에 이미 결말이 암시되어 있다.

오랜 시간 슬픔에 잠겨 있던 왕은 새 왕비를 찾으려고 부단히 노력한다. 그리고 그 끝에 죽은 왕비만큼 아름다운 여자는 오직 자기 딸뿐임을 알게 된다. 왕비와의 약속을 지키려면 왕은 딸과 결혼해야 한다. 동화는 딸과 결혼하려는 왕의 확고한 의지를 묘사한다. 그러나 관점을 달리해서 보면, 동화는 아버지에게 성폭력을 당한 딸의 고통 역시 매우 정교하게 묘사하고 있다.

동화답게 왕은 다음날 결혼식이 열릴 거라 선포한다. 결혼식은 기쁜 축제다. 물론 두 사람이 결혼에 합의했을 뿐 아니라 결혼할 준비가 되었다는 걸 전제로 할 때의 이야기다. 왕은 딸의 합의를 얻어내려 애쓴다. 왕에게는 딸을 아내로 맞는다는 것이 별문제가 안 될지 모르지만, 딸에게는 견딜 수 없을 만큼 큰 시련이다. 이어진 전개에서 동화는 성폭력을 당한 아이의 내면세계를 묘사한다. 아이는 아버지를 피해 온갖 짐승의 가죽으로 만든 망토를 입고 계단 아래 벽장에서 신분을 숨긴 채 살아야 한다.

잔인하지만 결국엔 긍정적 효과를 내는 사건이 동화에서는 종종 벌어진다. 이를테면 흔히 왕자로 대표되는 구원자가 용의 목을 베야 한다. 혹은 잔인한 살인이 벌어지기도 한다. 묘사가 너무 충격적이어서 이렇게 잔인한 내용을 아이들에게 들려줘도 될지 의구심이 들 때도 있다. 그러나 이런 잔인한 행위는 부정적인 것, 즉 건강한 발달을 방해하는 것이 사라져야 마땅하다는 것을 상징적으로 나타낸다. 그런 시각에서 본다면 잔인한 장면도 달리 보일 것이다.

한편 결혼식에 대해서만 언급하는 「털북숭이 공주」처럼, 진짜 끔찍한 일이 묵인되거나 암호화되기도 한다. 현실적으로 생각해 보라. 결혼식 이후에 어떤 일들이 벌어질지는 뻔하다. 그것은 아버지가 딸에게 저지르는 명백한 물리적 성폭력, 한마디로 근친 강간이다. 무의식의 흐름을 묘사하는 동화에서는 어떤 행위의 세부 과정이 아니라 그 안에서 드러나는 감정 상태를 살펴봐야 한다.

꿈도 마찬가지다. 끔찍한 사건과 사고, 극심한 두려움을 남기는 비극적 상황, 소중한 사람을 잃는 경험 등 감정적으로 소화하기 힘든 일들이 실제 사건을 드러내지 않은 채 암호화된 장면으로 나타나 꿈꾸는 사람의 뒤를 쫓는다. 이때 꿈꾸는 사람의 감정은 실제 충격적인 사건에서 느꼈던 감정과 일치한다. 무의식이 받아들일 수 있는 해결책을 찾지 못하면 이런 꿈은 반복되는 악몽일 수밖에 없다.

성폭력의 비극

아버지에게 성폭력을 당한 아이는 인격에 깊은 상처를 입는다.

성폭력을 당한 경험이 일상생활에서 안정감을 무너뜨리고 여러 장애를 일으킨다.

아버지가 딸을 대할 때 존중해야 할 엄연한 경계가 성폭력에서는 지켜지지 않는다. 이런 침범이 아이의 인생에 어떤 영향을 미치는지 이해하기 위해서는 먼저 건강한 성장의 기본 조건을 확실히 알아 두는 것이 좋을 듯하다.

건강하게 성장하기 위해서는 아이가 아버지에게 스스럼없이 다가갈 수 있어야 하고, 아버지를 두려워하지 않고 아버지와 자연스럽게 신체 접촉을 할 수 있어야 한다. 건강한 성장과 자존감 발달을 위해서는 아버지의 칭찬과 인정뿐 아니라 다독임, 포옹, 애정 어린 스킨십도 필요하다. 부모와 아이의 스스럼없는 신체 접촉이야말로 건강한 영혼을 발달시키는 전제 조건이다. 사랑하고 사랑받는 능력이 형성되려면 생후 몇 개월이 특히 중요한데, 그중 어머니와의 스킨십은 아무리 강조해도 부족할 정도다.

아이의 몸은 부모의 사랑을 체험하고 감지하고 느끼는 곳이다. 애정 어린 스킨십만이 몸에 대한 섬세한 감각을 발달시킨다.

행복한 스킨십은 아이에게 만족과 안정을 준다. 만족과 안정은 인간의 기본적인 욕구이며, 자기 문제를 극복하지 못해 아이와 따뜻한 스킨십을 나누지 못하는 부모는 결국 자신의 문제를 다음 세대로 대물림하게 된다.

충분한 사랑과 스킨십을 경험하지 못한 아이들은 일찍부터 대체물을 찾기 시작한다. 그들은 정신적·신체적으로 결핍 증상을 보일 뿐만 아니라 과식이나 폭식 같은 방법으로 마음을 달래려 하지만 그런 걸로 위로될 리 없다. 결국 평생 문제가 될 수 있는 섭식 장애가 유년기에 생긴다.

스스로를 얼마나 믿는지는 아이가 처음 애착 관계를 맺는 사람, 즉 보통 어머니와 아버지를 얼마나 믿었는지에 따라 좌우된다. 아이가 부모에게 갖는 신뢰는 아이의 안정감 발달에 매우 중요하다. 삶에 대한 '기본 신뢰도'와 일반적인 안정감이 바로 거기서 발달하기 때문이다.

안정감이 충분히 발달하지 않으면 두려움이 다양한 형태로 영향을 미치면서 우리를 지배한다. 비인간적이고 비정한 환경, 아이가 감당하기 어려울 만큼의 과도한 성취 요구, 불행한 가정사, 신체적 폭력, 중독자 부모 등이 야기하는 정서적 소홀함은 아이가 자신과 세계를 신뢰하지 못하는 사람으로 성장하게 한다.

아이는 세상을 발견하고 이해하고자 한다. 그리고 조금씩 경험의 폭을 넓히면서 세상에는 좋은 면도 있고 나쁜 면도 있으며 잔인한 면도 있음을 서서히 알게 된다. 부모는 아이가 이런 지식을 익히고 적응해 갈 수 있는 안전한 공간을 제공한다. 그러나 현실적으로 아버지가 줄 수 있는 보호는 매우 한정적이다. 아버지가 질병이나 불운, 죽음, 그 밖의 여러 위험 요소까지 완벽하게 막을 수는 없기 때문이다. 그러나 정말 중요한 것은 물리적인 보호가 아니라, 아이가 보호받는 기분을 느끼고 두려움을 이길 수 있는 안정감을 얻도록 하는 것이다. 보호라는 측면에서 아버지는 어머니 다음으로 중요한 사람이다. 아이는 아버지를 존경하고 아버지가 우월하다는 것을 기꺼이 믿는다. 특히 생후 2년 6개월부터 열 살까지는 아버지에게 엄청난 능력이 있다고 이상화한다. 그리고 아이가 갖는 안정감의 대부분은 아버지로부터 사랑과 보호를 받으며 생겨난다.

그런데 그런 아버지에게 성폭력을 당한다면 아이는 세상에 대한 신뢰를 잃고 내적 혼란으로 극단적인 모순에 빠진다. 또한 딸을 성적 대상으로 가까이하는 아버지는 부성을 잃는다. 더 이상 아버지가 아니라 욕정에 사로잡힌 나약하고 이기적인 인간으로 전락하는 것이다. 금기를 행하는 괴물이 되어 경계를 무너뜨리고 딸에게 고통과 공포, 두려움을 심어 준다. 그는 자신의 이런 행위가 발각되면 법적 처벌을 면할 수 없다는 걸 아주 잘 안다. 그래서 아무에게도 말하지 말라고 가장 가혹한 방식으로 아이를 위협하고 협박한다. 성폭력 피해 생존자가 누군가를 믿고 비밀을 털어놓으려면 거의 항상 죽음을 각오해야 한다. 그래서 성폭력 피해 생존자는 성폭력과 협박이라는 이중의 고통을 당한다.

떠올리기조차 힘들 만큼 감당하기 버거운 일을 겪은 사람이 그 일에서 벗어나려면, 그 일을 다른 사람들에게 알리는 것이 중요하다. 그 일에 대해 계속 이야기함으로써 자신을 짓누르는 것에서 서서히 벗어나야 조금씩 문제를 객관적으로 인지하고 극복할 수 있다. 그래서 고통을 다른 사람에게 알리는 것은 정신 건강에 더할 나위 없이 중요하다. 독일어로 '알리다mitteilen'라는 말은 '함께mit'라는 단어와 '나누다teilen'라는 단어가 합쳐진 말로, 그 안에는 이미 중요한 관점이 담겨 있다. '고통을 알린다'는 말은 다른 사람과 고통을 나누고, 그들의 도움을 받아들인다는 뜻이다.

"아무한테도 말하면 안 된다"는 위협적 금지는 수년간 성폭력 사실을 침묵하게 하고 더 나아가 영구적인 효력을 낸다. 피해 생존자는 평생 사람에 대한 신뢰를 잃고 다른 사람에게 자신의 고민과 고통을 털어놓는 것을 포기한다. 그리하여 이러한 문제를 극복할 기회를 잃는다. 그들은 또한 평범한 일상을 살기가 힘들고 아무에게도 말하지 못하는 상처를 홀로 견뎌야만 한다. 흔히 마약이나 약물 혹은 술로 괴로움을 잊으려 하기 때문에 성폭력 피해 생존자들 중에는 중독 질환을 앓는 경우가 많다. 또한 "비밀로 하라"는 위협적 금지는 우울증을 비롯하여 여러 정신 질환과 심신 상관 질환*을 일으킨다.

성폭력은 세상에 대한 아이의 신뢰를 뿌리째 흔들어 놓는다. 아이는 압도적인 가해자 앞에서 어찌할 바를 모른 채 어떤 저항도 할 수가 없다. 성폭력은 흔히 잔혹한 신체적 폭력을 동반하기 때문에 아이는 아무것도 느끼지 않는 절대적 무감각 상태에 스스로 빠지기도 한다. 어떤 사례에서는 아이가 과도한 '사랑'을 받기도 한다. 이럴 때 아이의 내면세계에서는 무슨 일이 벌어질까? 이런 깊은 상처를 가지고 어떻게 살아갈 수 있을까?

동화는 상처받은 아이의 전형적인 내면 상태를 비유적 표현으

---

* 심리적 원인이 일으키거나 악화시키는 신체적 질환.

로 정확히 드러낸다. 공주는 해와 같은 금빛의 옷, 달과 같은 은빛의 옷, 별처럼 빛나는 옷을 요구한다. 이때 아름다운 세 벌의 드레스는 성인 여성을 상징하는데, 해는 의식을, 달은 무의식을, 별은 한 인격을 규정하는 모든 특징을 상징한다. 또한 앞으로 밝혀지겠지만 세 벌의 드레스는 털북숭이 공주 인격의 가장 깊은 단면이 결코 파괴되지 않았다는 것을 증명한다.

공주는 세 벌의 옷을 요구하지만 왕이 진짜 그런 옷을 만들거라고 생각하지는 않는다. 그러나 왕은 드레스를 만들기 위해 권력을 총동원한다. 동화는 비유적 언어로 공주의 내적 모순을 명확히 보여 준다. 강력한 내적 저항에도 불구하고 공주는 아버지의 소망(아버지의 아내, 성인 여자가 되는 것)을 들어주고 싶지만 현실적으로 도저히 그렇게 할 수가 없다(해와 달과 별처럼 빛나는 드레스는 만들 수 없다). 이런 모순된 양가성이 동화를 통해 표현된다. 공주는 아버지를 사랑하고 잃고 싶지 않다. 하지만 아이는 성인 여자가 될 수 없고, 딸은 아버지의 아내가 될 수 없다.

아버지에 대한 신뢰가 깨지는 것은 차치하더라도, 아이는 어른의 섹스 대상이 되어서는 안 된다. 공주는 어리다. 그것만으로도 공주는 아직 보호받아야 하며, 아버지의 아내로 대체될 대상이 되어서는 안 된다. 이렇듯 감당하기 힘든 고난은 공주를 깊은 절망과 극복하기 어려운 수렁 속으로 밀어 넣는다.

아버지가 아이에게 성적으로 접근하면 아이는 극단적인 분열 증상을 겪을 수밖에 없다. 대부분의 전문가들은 다른 사람보다도 가족에 의해 성폭력을 당했을 때 훨씬 더 심각한 결과를 초래한다고 말한다.

딸에게 성관계를 요구하거나 강요하는 아버지는 흔히 그에 상응하는 보상을 한다. 아름다운 드레스도 여기에 속한다. 앞에서 언급한 것처럼 드레스는 성인 여성을 상징한다. 때때로 딸은 아버지의 사랑을 독차지하면 그것으로 자신의 가치가 올라가는 것처럼 느끼기도 한다. 아버지는 딸을 칭찬하고, 보상하고, 넘치도록 애정을 표현한다. 그러나 이것은 진짜 애정이 아니라 자신의 욕망과 목적을 위해 사랑의 감정을 악용하는 것이다. 아버지는 끝을 알 수 없는 과도한 자기 합리화 속에서 오로지 자기 자신만을 사랑할 뿐이다. 그에게 딸은 자신을 기쁘게 하고 자신의 욕구를 채우기 위한 존재다. 그는 오로지 이런 관점에서만 딸에게 관심을 가진다. 그는 딸에게 칭찬을 하고 환심을 사려 하고 '무한한 사랑'을 각인시키려 애쓴다. 어린 딸은 당연히 이런 칭찬을 좋아하고 기꺼이 그 유혹을 받아들인다. (아버지의 감춰진 얼굴만 없다면) 부모로부터 무한한 사랑과 인정을 받는 것보다 더 좋은 일이 어디 있으며, 어떤 아이가 그런 달콤한 유혹을 어찌 거부할 수 있겠는가!

K는 아버지를 '사랑하는 아빠빠'라고 부른다. 치료를 받으면서 아버지의 성폭력 사실을 고백한 뒤에도 그 호칭을 바꾸지 않았다. 서른다섯 살의 성인임에도 불구하고 K는 어린아이처럼 보였다. 여전히 아버지의 어린 공주 같았다.

1부 털북숭이 공주의 운명 : 가정에서의 성폭력

어쨌든 K는 이런 이상화에서 겨우 벗어날 수 있었다. 아버지의 극도의 이기주의, 과음, 무엇보다 진짜 위기의 순간에 딸을 외면한 아버지의 실체를 직시하는 것은 K에게 큰 두려움이었다. 아버지에게 그녀는, 그를 기쁘게 하고 그의 욕망을 채우기 위해 존재하는 '사랑스러운 인형'이었다. 그는 자신과 딸 사이에 행복과 평화가 충만한 것처럼 꾸미고, 딸이 스스로 세상에서 가장 사랑받는 것처럼 착각하게 했다. K가 중독 질환이라는 것을 알았을 때, 아버지는 이 사실을 인정하려 하지 않았다.

이런 상황에 오랫동안 노출되면 현실 인식이 기이하게 왜곡된다. K는 양가감정을 갖고 있었다. 아버지의 사랑과 다정함을 잃고 싶지 않으면서도 다른 한편으로는 아버지의 극도의 이기주의를 결코 모른 척할 수 없었다. 아름다운 드레스만 가질 수는 없으며, 온갖 짐승의 가죽으로 만든 망토도 준비해야 한다.

이런 양가적 상황에 빠지면 인간은 깊은 불안을 느끼고 현실을 제대로 인식하지 못하며 자신의 지각 능력 또한 믿지 못한다. '아버지의 다정함이 정말로 사랑이었을까?' 무엇도 믿을 수 없고 모든 것이 의심스러워진다. 진실에 눈을 뜨기까지 힘겨운 노력이 필요하다. 치료의 핵심 목표는 환자가 자신의 지각 능력을 다시 믿을 수 있게 하는 것이다.

동화에서는 결말에 다다라서야 비로소 새로운 현실이 열리면서 안도감이 찾아온다. 그러나 피해자는 그곳에 다다르기까지 아주 먼 길을 걸어야만 한다. 머리로만 이해하는 것이 아닌 실제 행동으로 자립할 수 있을 때 비로소 목적지에 도달할 수 있다.

구원과 치유는 스스로에게 달려 있다

세 벌의 아름다운 드레스는 동화의 결말 부분에서 구원과 치유를 위한 결정적 역할을 한다. 그러나 그 드레스들은 우선 작은 보따리 속으로 들어가야 한다. 이것은 뭔가를 감추고 방어막을 치는 일이며 드레스들이 꽤 오래 빛을 보지 못할 거라는 비유다. 황금 반지, 황금 물레, 황금 실패 역시 공주의 존재를 얕잡아 보지 못하게 하는 데 큰 역할을 한다. 그러나 이 세 개의 물건은 긴 여정의 끝에 다다라서야 비로소 진가를 발휘할 수 있다.

동화를 잘 살펴보면 문제 해결을 위해 필요한 모든 것은 이미 처음부터 존재했다는 걸 알 수 있다. 우연처럼 보이겠지만 이것은 중요한 의미가 담긴 선언임이 분명하다.

내가 환자들을 치료하면서 얻은 경험에 따르면, 어려움에 처한 사람들은 문제 해결에 필요한 모든 능력이 이미 자신에게 있다는 사실을 알아차리지 못한다. 그래서 동화는 구원과 치유를 얻기까지 공주가 아주 멀고 험한 길을 걸어야 한다는 걸 보여 준다.

동화에서 지혜를 얻고 낙관적인 관점을 가지는 것은 두말할 필요 없이 큰 도움이 된다. 동화는 필요한 모든 것이 이미 준비되어 있다고 말한다. 우선 이 사실에 대한 믿음만 있어도 확신에 찬 태도를 가질 여지가 생긴다. 출구가 없어 보이는 상황에서 이런 믿음은 그 자체로 해결의 실마리가 될 수 있다.

상황이 나아질 거라 믿지 못하고 체념한 사람은 긴 세월을 고통 속에 산다. 믿음은 긍정적인 방향으로도 부정적인 방향으로도 영향을 미친다. 그러므로 치유의 가장 중요한 전제 조건은 긍정적인 방향, 즉 치유될 수 있다는 믿음이다. 그래야 치유의 기적이 실현될 수 있다. 이것은 암 같은 신체적 중증 질환에도 적용된다. 한 연구에 따르면 자신이 쾌유할 거라 굳게 믿고 사력을 다해 투병하는 사람들은 그렇지 않은 사람들보다 생존 가능성이 훨씬 높았다. 반면에 운명을 탓하며 체념한 사람들의 병은 빠르게 악화되었다.

아름다운 드레스는 작은 보따리 속에 감춰져 있지만 그럼에도 불구하고 빛나는 모습으로 존재한다. 그러나 공주는 온갖 짐승의 가죽으로 만든 망토를 결코 벗지 않는다. 그 망토는 자신을 뒤쫓던 아버지로부터 도망칠 때 입었던 옷이자 세상에 대한 두려움으로부터 자신을 지켜주는 보호막이기 때문이다.

이제부터 동화의 비유들을 하나씩 분석하면서 성폭력 피해 생존자와의 심리적 공통점을 찾아보자.

고목 속으로의
탈출

망토를 입고 털북숭이가 된 공주는 숲으로 도망쳐 구멍 난 고목 속으로 들어간다. 이 탈출은 상징으로 이해해야 한다. 따라서 우리는 이렇게 물어야 한다. "몸과 마음과 정신에 상처를 입은 아이는 어디로 도망칠 수 있을까?"

숲은 일반적으로 위대한 대자연의 원형으로, 모성과 넓은 의미의 어머니를 상징한다. 모든 사람은 마음 깊은 곳에 어머니상을 간직하고 있다. 보살핌을 받지 않고는 살 수 없는 나약한 존재로 태어난 아기는 자신을 낳아준 어머니에게 의지할 수밖에 없다. 그리고 아기를 먹이고 돌보고 온기를 주는 어머니의 몸은 피난처의 원형이다. 특히 기독교에서 예수의 어머니 마리아는 도움과 위안을 주는 존재로 통한다. 그러므로 어머니에게로 탈출하는 것은 자연스

1부 털북숭이 공주의 운명 : 가정에서의 성폭력

러운 반응이다. 다치거나 위험에 처한 아이를 생각해 보라. 아이는 가장 먼저 어머니를 떠올리고, 재빨리 어머니라는 피난처로 달려갈 것이다.

털북숭이 공주의 어머니는 죽었다. 그래서 딸을 보호해 줄 수가 없다. 성폭력을 당할 수밖에 없었던 대부분의 사람들은 그들의 상처, 트라우마 속에 홀로 남겨진다. 성폭력을 당한 아이는 누군가를 믿고 모든 것을 털어놓을 수가 없다. 그 비밀을 말하지 못하게 가로막는 장벽이 존재하기 때문이다. 홀로 남겨진 아이는 성폭력의 상처를 더욱 아프게 경험한다. 그래서 스스로를 "아버지와 어머니가 없는 불쌍한 계집"이라고 소개한다.

숲과 더불어 구멍 난 고목 역시 모성을 상징한다. 대부분의 경우 어머니들은 이런 어려운 상황에서 같이 절망하여 정신적으로 자식을 돕지 못하는 경우가 많다. 공주가 밤을 보낸 고목은 보호와 영양, 안정 등 태아에게 필요한 모든 것을 공급하는 자궁으로 이해할 수 있다.

이런 관점에서 동화의 장면을 살펴보자. 안개 낀 밤에 숲으로 탈출한 공주는 고목 속으로 들어가 잠이 든다. 위협적인 아버지로부터 탈출하여 도달하고자 하는 목적지는 어머니의 보살핌이 주는 안정과 보호의 세계다. 그러나 공주의 경우 이런 보살핌을 줄 어머니가 없기 때문에 갈등과 문제가 존재하지 않았던 태아 시절로 되돌아가려 한다. 동화의 비유와 심리 상태를 비교해 보면, 그 세밀한 반영과 일치에 감탄이 절로 나온다.

심리학에는 인간이 성장하면서 거치게 되는 다양한 발달 단계가 있다. 어떤 한 단계에서 위기를 만나면 일반적으로 인간은 이미 지나온 발달 단계로 퇴행한다. 예를 들어 부모가 이혼을 하면 몇 년 동안 대소변을 잘 가리던 아이가 다시 바지에 오줌을 싸기 시작하는 것과 같다.

털북숭이 공주도 그런 퇴행을 보인다. 상처가 극단적으로 깊은 만큼 퇴행의 폭 역시 극단적이다. 동화는 이것을 고목으로 상징하여 명확히 보여 준다. 끔찍한 현실에서 도망치기 위해 공주는 인간의 첫 발단 단계인 태아 상태로 퇴행하여 아무 갈등 없이 오로지 안정과 보호만 있던 세계인 자궁으로 돌아간다.

모든 인간의 무의식 속에는 태아 시절의 완전한 보살핌과 평온함이 내재되어 있다. 감당하기 힘든 위협이 고통과 공포, 죽음의 위협과 연결될 때 극단적인 퇴행을 불러온다. 아이는 완전한 보살핌이 있는 곳, 모든 것이 마련되어 자신은 아무것도 할 필요가 없는 곳으로 돌아가 치유받고자 하는 것이다. 이제 그곳이 가혹한 학대와 감당하기 힘든 고난을 피하는 피난처가 된다.

동화가 비유석으로 표현한 것처럼 이 탈출은 어떻게든 계속 살아가기 위한 불가피한 결정이다. 글자 그대로 피할 수 없는 결정이다. 당연히 이것은 물리적 탈출이 아니라 (자궁으로 돌아가는 길은 없다) 심리적 탈출이며 적절한 반응이다. 탈출 덕분에 살아남을 수 있었기 때문이다.

"다음날 아침, 해가 솟았지만 공주는 여전히 깊은 잠에 빠져 있었습니다. 한낮이 될 때까지 공주는 자고 또 잤습니다."

이 구절을 살펴보자. 동화에서 표현하는 시간 역시 비유적으로 보아야 한다. 하루 24시간이 평생을 상징한다면 새벽의 여명은 유년기를, 아침은 청소년기를, 한낮은 성인기를 의미한다. 털북숭이 공주가 한낮이 될 때까지 자고 또 잤다는 표현은 다음과 같이 이해할 수 있다. 성폭력을 당한 아이는 두려운 현실 세계에서 유년기의 보호와 안정이 있는 (가상) 세계로 탈출하고, 그곳에서 '자고 또 자고' 지체하다 어른으로 성장할 기회를 놓친다. 이 장면은 성폭력 피해 생존자들이 보이는 기이한 퇴행 현상을 잘 묘사해 준다. 성폭력 피해 생존자들은 성인이 되어서도 내면은 여전히 어린아이와 같은 경우가 많고, 그래서 연인 사이의 성숙한 성관계가 발달하지 못하기도 한다. 성폭력은 발달 장애를 불러오고 시간이 흐를수록 장애는 점점 더 심해진다.

성폭력 피해 생존자들 중에는 자립에 필요한 능력을 발달시키지 못해 종종 혼자 힘으로 살아가지 못하는 사람도 있다. 그들은 다른 사람의 보살핌이 없으면 살 수 없는 사람처럼 매우 수동적으로 행동한다. 그리고 다른 사람이 자신을 대신해서 결정하고 생각하고 행동하기를 원한다. 그들은 자신이 시작한 과제와 프로젝트를 제대로 마무리 짓지 못하거나, 현재 하고 있는 일이 정말로 자신이 원해서 하는 일인지 확신하지 못한다. 늘 누군가의 조종을 받는 기분을 느끼고 자기 삶을 어떤 방향으로 이끌어야 할지 몰라 다른 사람의 도움에 의존한다. 방향을 잃고 헤매는 것은 너무나 힘들기 때문에 그들은 자신에게 임무와 명령을 내려 줄 사람을 찾는다. 그리고 때때로 스스로에게 묻는다. '나는 누구인가?' 자궁에 머무는 아이에게는 당연히 그 답을 찾을 능력이 없다.

퇴행으로는 자기 스스로를 믿고 책임질 수 있는 건강한 인격을 발달시킬 수 없다. 피해자를 의존적인 사람으로 만드는 이런 발달 장애는 그들의 인간관계에서도 불행한 결과를 가져온다. 지금부터 이 문제를 좀 더 상세히 다뤄 보자.

다음에 소개된 사례는 내적 고난이 어떤 비극적 결말을 가져오는지를 잘 보여 준다. 몸은 언제나 마음의 거울이다. 그래서 심리적 발달 장애는 외모에서도 드러난다. 유년기에 성폭력을 경험한 사람들 중에 기이한 방식으로 어린아이에 머무는 경우가 드물지 않게 목격된다. 그들은 팔다리가 가늘고 키가 잘 자라지 않는다. 어떤 경우에는 얼굴마저 어린아이에 머물며 나이 들고 성장하기를 거부한다.

어린 시절 여러 차례 남자들에게 성폭력을 당했던 남성 환자인 F의 경우를 살펴보자. '고목 속으로의 탈출'이 F의 피해 경험에서 명확히 드러난다.

독일에서 이주 노동자로 일했던 F의 부모는 그가 네 살 때 그를 스페인에 사는 조부모에게 보냈다. 그의 부모는 F 외에도 아이가 다섯이나 있던 터라 이렇게 해서라도 짐을 덜 수밖에 없었다. 어린 나이에 부모 형제와 이별한 F는 버림받았다는 생각이 들었고 가족에 대한 그리움 때문에 새로운 환경에 적응하기가 힘들었다. 그는 내게 불평하듯 이렇게 물은 적이 있다.

"어떻게 부모님은 그렇게 어린 저를 떼어 버릴 수 있었을까요?"

이 질문을 통해 나는 그가 부모 형제와 떨어져 살게 되면서 우울하고 비관적인 세계관을 갖게 되었다는 걸 알 수 있었다.

그는 버림받은 기분, 두려움, 외로움 같은 감정에 빠져들었다. 조부모가 돌봐 주었음에도 불구하고 그는 스스로를 동화에서처럼 '어머니가 없는 불쌍한 아이'로 여겼다. 어린아이에게는 반드시 기댈 곳이 필요하다. 그러나 그에게는 믿고 의지할 존재가 없었다.

'가해자들'은 F의 이런 무방비한 상태를 직관적으로 감지하고 악용했다. 그는 여러 남자에게 성폭력을 당한 뒤 스스로에 대해 극심한 혐오감을 느꼈지만 수치심 때문에 이 사실을 아무에게도 털어놓을 수 없었다. 힘센 어른에 맞서 스스로를 방어할 수 없었던 자신이 더럽게 느껴지고 죄인이 된 기분이 들어 '안으로' 탈출했다. 그는 당시 어린 나이였지만 괴로운 마음을 달래기 위해 할아버지의 술을 몰래 마시기 시작했다.

감당하지도 못할 만큼 술을 마시고 여러 번 위독한 상황을 겪은 그는 서른 살이 되어서야 비로소 금주 치료를 시작했다. 하지만 치료받을 당시 유난히 우울하고 자포자기한 상태였던 탓에 수차례 치료를 중단했다. 그리고 이렇게 말했다.

"치료를 받아봐야 어차피 또 재발할 텐데 뭐하러 그 힘든 시간을 겪어야 하나요?"

그에게는 적극적으로 치료에 임할 원동력, 즉 자신이 좋아질 수 있다는 믿음이 없었다.

내가 F를 처음 만났을 때, 그는 자기 안에 고립되어 다른 사람의 요구를 기계적으로 따르고 '누군가 돌봐 주길 기대하는' 상태였다. 그는 현실과 무관한 이상 세계를 꿈꿨다. 상황을 개선할 능력이 자신에게 없다고 생각했고 오로지 밖에서 해결책을 찾으려 했다. 그는 여기저기 아프다고 호소했고 불치병에 걸릴 거라는 두려움을 갖고 있었다. 또한 늘 자살을 꿈꾸면서도 동시에 자신이 자살 같은 돌이킬 수 없는 결정적 행동을 할까 봐 두려워했다.

동화에서 털북숭이 공주는 몹시 지쳐 고목 속에서 잠이 든다. 잠드는 비유 역시 진지하게 살펴봐야 하는데, 이것은 여러 면에서 성폭력의 결과에 속한다. 성폭력 피해 생존자들 중에서는 자신의 성폭력 피해 경험을 애써 잊거나 부정하는 경우가 많다. '부정'은 특정 경험과 자극, 충격 등이 너무 극심해서 감정적으로 대처하기가 힘들 때 나타나는 방어 기제다.

친족 성폭력의 피해 생존자들은 어려서 겪은 비극과 더는 무관하게 살고자 한다. 이들은 전형적인 방어 기제를 발달시키는데, 성폭력을 당한 뒤 심신 상관 질환, 대인 관계 장애, 중독 질환 등의 증세가 뚜렷이 보이더라도 그것을 극구 부인한다. 성폭력을 당한 경험 자체를 '부정'하는 것이다.

성폭력 피해 경험을 기억하고 인정하지만 그 의미와 영향력은 부정하는 사람들도 있다. 그들은 괴로운 감정을 부정하기 때문에 현저하게 드러나는 현재의 증상이 과거의 트라우마와 관련되어 있다는 걸 상상조차 하지 못한다.

> 홀로트로픽 호흡 요법Holotropic Breathwork*을 시도하던 중에 B가 갑자기 비명을 지르며 고통스러운 듯 아랫배를 움켜쥐었다. 호흡 요법을 통해 그동안 부정해 왔던 감정과 직면한 것이 분명했다.
> 호흡 요법 뒤에 이어진 면담에서 B는 과거 계부에게 당했던 성폭력을 다시 경험한 것 같았다고 말했다. 어린 시절의 극심한 외로움과 고통이 고스란히 되살아난 것이다. 오래전 있었던 집단 상담에서 B는 계부의 성폭력에 대해 고백했고 상담 치료를 통해 모두 극복했다고 말했다. 그러나 호흡 요법을 통해 그녀는 자신의 무의식에는 여전히 이 비극의 무거운 짐이 억눌려 있다는 것을 명확히 알게 되었다.

우리의 에너지는 오직 삶을 위해 써야 한다. 그런데 성폭력을 당한 사람들은 끔찍한 경험을 떠올리지 않기 위해, 혹은 부정했던

---

* 과호흡을 유도하여 평소 억제했던 격렬한 감정을 분출하도록 해 치료에 활용하는 심리 치료 기술.

감정이 되살아나는 걸 막기 위해 너무 많은 에너지를 소비한다. 그 때문에 일상이 무너지고 무기력해지는 것이다.

감정 분리

쉽게 예상할 수 있듯 고목 속으로 들어가는 것과 잠드는 것은 같은 맥락에 속한다. 견디기 힘든 극도의 공포 상황에서 선택하는 현실 도피는 끔찍한 사건 현장을 잠시나마 심리적으로 떠나게 한다. 털북숭이 공주의 운명을 가진 사람들은 자기 몸이 더는 자기 것이 아닌 듯 거리를 두는 방법을 배운다. 그래서 그들은 늘 "이제 아무렇지도 않아요"라고 말한다.

지금까지 소개한 '부정'이라는 방어 기제는 거의 모든 피해 생존자들에게서 자주 목격된다. 그러나 이것만으로는 성폭력의 비극적 모습을 온전히 이해하기 어렵다.

노르웨이 작가 헤르비에르그 바스모Herbjørg Wassmo는 『블라인드 유리창 베란다가 있는 집Huset med den blinde glassveranda』에서 새로운 해석이 가능한 다음의 장면을 묘사한다.

어느 날 밤, 갑자기 문이 삐걱대는 바람에 토라는 생각이 몸에서 빠져나와 자유롭게 창밖으로 달아나게 할 수 없었다. 그녀는 자기에게 일어나는 모든 일을 인지할 수밖에

1부 털북숭이 공주의 운명 : 가정에서의 성폭력

없었다. 그녀는 몸을 웅크리고 신음하며 흐느끼기 시작했다. 이날 밤은 그저 빨리 끝나기를 바라며 가만히 누워 있을 수가 없었다. 도저히 가만히 있을 수가 없었다. 그녀의 저항이 그를 자극했고 그의 증오를 깨웠다. 증오심은 욕구를 깨우고 폭력을 부르기에 아주 유용했다. 그녀의 저항은 약하디 약했다. 그는 신음을 뱉고 몸에서 힘을 뺐다. 그런 다음 둘의 몸이 분리되었다. 토라의 몸은 아무 감각도 느낄 수 없었다. 어디서부터 어디까지가 몸인지 알 수 없었다. 그녀의 몸은 그녀의 고유한 자아와 전혀 상관이 없었다. 그럼에도 극심한 통증이 느껴졌다. 숨과 피! 피가 흘렀다. 생리 기간이 아닌데도. 그녀가 그의 밑에 가만히 누워 있지 못했던 탓에 피는 이불 곳곳에 흔적을 만들었다. 그녀는 자신이 읽었던 얇은 책 내용이 끔찍한 현실이었다는 걸 그제서야 깨달았다. 사랑의 주님, 제발 그가 이제 그만 가게 해 주세요! 손이 자유로워진 토라가 손뼉을 쳤다! 그가 사라졌다. 숨도 제대로 쉬기 힘들 만큼 안도감이 가슴을 채웠다. 그녀는 호흡이 진정될 때까지 웅크린 자세로 누워 가쁜 숨을 몰아쉬었다. 그녀의 몸은 침대 발치에 걸쳐져 둘로 나뉘었다. 배꼽 아래는 그녀의 것이 아니었다.

수많은 성폭력 피해 생존자가 이와 비슷한 이야기를 한다. 특히 '생각이 몸에서 빠져나와 자유롭게 창밖으로 달아나게 할 수 없었다'는 부분은 성폭력을 깊이 이해하는 데 대단히 중요하다. 아이는 감당하기 어려운 상황에 처하면 '부정'이라는 방어 기제를 쓴다.

특정 범위를 넘지 않는 한 방어 기제는 꼭 필요하다. 범람하는 자극으로부터 자신을 보호할 수 있도록 돕기 때문이다. 그러나 방어 기제는 늘 현실을 왜곡하게 한다. '부정'은 성폭력이라는 상처의 깊이를 감지하지 못하게 막는다. 생존을 위해 진실을 덮는 것이다. 고통스러운 진실이 억눌리고 가로막혀 더는 감지되지 않기 때문에 현실 왜곡은 결국 현실 붕괴로 이어진다.

심리학 용어에 특정 생존 전략을 지칭하는 '해리Dissociation'라는 말이 있다. 몸과 마음과 정신이 두려움과 공포, 고통에 압도되었을 때 탈출구를 찾지 못하면 인체는 쇼크 상태에 돌입하여 '현실 세계로부터 자신을 분리'한다. 뱀을 만난 쥐가 갑자기 그 자리에 굳어 꼼짝도 못하는 것처럼 인체는 죽은듯 굳어 버린다. 그 상황이 끝나더라도 이런 쇼크 상태는 지속된다.•

성폭력을 당한 아이는 그냥 자신과 현실을 분리한다. 그들은 몸에서 완전히 떠나 환상 속을 떠돈다. 몸은 절단된 것처럼 아무 감각이 없다. '분리'라는 방어 기제를 처음으로 소개한 정신 분석학자 페렌치Ferenczi는 '외상성 트랜스 상태Traumatic trance'에 대해 "정신적

• 해리라는 전문 용어 대신에 '분리' 혹은 '나눠진다'는 말로 대체할 수도 있다. 컨버그Kernberg와 로데다흐저Rohde-Dachser에 따르면 '분리'는 초기 방어 기제(경계선 수준)에 해당하고 '부정'은 후기에 발달하는, 보다 노련한 방어 기제에 해당한다.

상처와 공포, 두려움이 너무 커서 피해자는 가상 세계로 도망칠 수밖에 없다"라고 말했다.

한 여성 환자가 내게 이런 얘기를 한 적이 있다.

아버지가 다시 저를 원하면 저는 그냥 머리를 숨겼어요. 머릿속으로 계속 시를 외웠고 몸에는 아무 감각이 없었어요.

또 다른 여성 환자는 이런 경험담을 들려 주었다.

아무래도 상관없었어요. 그 시간에 저는 늘 멀리 떠나 있었고 다른 생각에 빠져 있었으니까요……

성폭력 피해 생존자가 심적 고통과 공포, 두려움에서 분리될 뿐 아니라 신체적 통증과 혐오감에서도 분리되는 것에 주목해야 한다. 이것이 가능하려면 우리 인간은 정신을 심신에서 완전히 분리해야 한다. 모든 끔찍한 일을 당한 몸을 무시하고 멸시하고 혐오하고, 결국엔 버린다.

사건은 이미 오래전에 끝났다 하더라도 상흔은 낙인처럼 남는다. 치욕이 몸에 새겨진 것 같다. 상흔을 씻어 낼 수도 돌이킬 수도 없다. 상흔을 안고 사는 것은 내려놓을 수 없는 무거운 짐을 짊어진 것처럼 고통스럽다. 그리고 그 고통은 더 큰 고난이 된다. 상흔을 없애려는 모든 노력이 헛된 일처럼 보이기 때문이다.

분리의 결과는 심각하다. 감정과 감각이 트라우마에서 분리되어 제멋대로의 길을 걷기 시작하기 때문이다. 어떤 사람은 갑자기 공포를 느끼거나 구역질이 나고 심각한 불면증이 생긴다. 우울증을 비롯해 자살 충동을 느끼거나 더 나아가 자살을 시도하기도 한다. 반대로 과거의 비극적 사건을 무감각하고 또렷하게 되새기는 경우도 있다.

트라우마는 수십 년이 지난 후에도 여전히 다양한 버튼, 소위 '방아쇠'를 통해 현재의 장애를 일으킬 수 있다. 그러다 보면 삶이 극단적으로 흔들리고 앞날을 예측할 수 없게 된다. 일반적으로 성폭력은 한 번으로 끝나지 않기 때문에 계속해서 현실 분리를 요구한다. 이것에 익숙해지면 이후 다른 상황에서도 분리를 방어 기제로 쓰게 된다.

저는 온종일 꿈을 꿨어요. 마치 꿈에 중독된 것처럼요. 저는 깨어 있고 싶지 않았어요.

아이는 가해자의 압도적인 힘 앞에 무너져 기계적으로 복종하는 존재가 된다. 아이는 자신만의 고유한 정체성을 잃고 오로지 즉각적인 욕구만 채우려 든다.

이런 방어 기제를 이해하기 위해 극단적인 학대의 또 다른 예를 살펴보는 것이 좋겠다. 나치의 유대인 강제 수용소에서 수감자들은 모든 명령에 복종할 때까지 가장 잔인한 방법으로 위협과 고문을 받았다. 그들의 인격은 야만적인 폭력에 의해 파괴되었고, 결국엔 자신을 가해자와 동일시했다. 예를 들어 그들은 고통받는 동료를 배반하거나 살해하는 데 동참했다. 이때 작동한 방어 기제가 바로 '가해자와의 동일시'다.

학대받는 인간은 인격이 완전히 파괴되기 전에 스스로 굴복하여 가해자 인격의 일부를 수용하고 스스로 가해자가 됨으로써 살아남을 출구를 마련한다. 위기에 처한 삶을 구원하는 생존 메커니즘을 먼저 찾아야 하는 것은 당연하지만, 그 생존 메커니즘으로 '가해자와의 동일시'라는 방어 기제를 선택하면 영혼은 나락으로 추락하게 된다.

어른들도 폭행이나 여타 심각한 폭력을 당하면 그 경험으로 인해 괴로워하고 영혼에 상처를 입는데, 몸과 마음과 정신이 아직 다자라지 못한 아이들은 이런 상처에 훨씬 미숙한 방식으로 대처할 수밖에 없다. 그러니 성적 착취를 당한 아이들이 겪는 피해는 이루 말할 수가 없다.

온갖 짐승의 가죽으로 만든 망토와
검댕을 바른 새까만 얼굴

동화에서 공주는 온갖 짐승의 가죽으로 만든 망토를 두르고 도망친다. 그리고 이 망토는 공주의 두 번째 피부가 된다. 이 동화가 성폭력을 당한 아이의 운명을 상징적으로 묘사한다고 본다면, 짐승의 가죽으로 만든 망토의 상징은 명확해진다. 즉 성폭력 피해 생존자는 자신의 몸을 '짐승 같은' 충동을 지닌 경멸의 대상으로 여기는 것이다.

피해자의 몸을 짓밟은 가해자는 피해자의 존엄성까지 짓밟았다. 그러나 희망이 사라진 것은 아니다. 공주는 자신의 몸을 아름답게 꾸밀 빛나는 드레스를 부모의 집에 남겨 두지 않고 작은 보따리 속에 챙겨서 나온다.

이 장면이 의미하는 것은 무엇일까? 이렇게 이해할 수 있다. 공

1부 털북숭이 공주의 운명 : 가정에서의 성폭력

주의 몸에 대한 자긍심은 파괴되지 않았고 다만 잘 보이지 않는 곳에 꼭꼭 감춰져 있다는 것이다.

「개구리 왕자」, 「일곱 마리 까마귀」, 「오누이」 등 여러 동화를 보면, 사람이 동물로 변하는 장면이 나온다. 몸은 정체성과 밀접하게 연결되어 있고, 동물로 변하는 장면은 예외 없이 인간의 정체성을 상실했음을 상징한다.

동화 「고슴도치 한스*」에서 상체는 고슴도치이고 하체는 사람인 사내아이가 태어난다. 고슴도치 한스의 인격은 동물적이고 원시적이고 야만적인 반쪽과, 결핍되고 나약하고 인간적인 반쪽으로 분리된다. 이런 기이한 외형은 심리적 장애를 표현한다. 어린 나이에 부모에게 버려져 깊은 상처를 받은 아이의 마음을 비유적으로 표현한 것이다.

「고슴도치 한스」는 이른바 '경계선 성격 장애**'를 그대로 보여준다.• 경계선 성격 장애를 가진 환자들은 고슴도치 한스처럼 세계가 흑과 백, 두 극단으로 분리되는 고난을 겪는다. 그들은 다른 사람들을 과도하게 이상화하거나 반대로 철저하게 무시한다. 극단적으로 밀착된 공생 관계를 갈망하는 동시에 친밀함이 두려워 가까워진 관계를 스스로 다시 파괴하는 것이다. 그들은 심리적 갈등에 빠

---

* 고슴도치 인간으로 태어나 부모에게 버려진 한스가 자신과의 약속을 어긴 부녀에게는 상처를 주고, 약속을 지킨 부녀 앞에서는 멋진 남자로 변신해 함께 행복하게 살아간다는 내용의 그림 형제 동화.
** 행동이나 정서가 매우 불안정하고 감정 기복이 심한 성격 장애로, '경계선 인격 장애'라고도 불린다.
• 하인츠-페터 뢰어Heinz-Peter Röhr, 『카오스의 탈출구: 고슴도치 한스 신드롬 혹은 경계선 성격 장애 이해하기』, 파트모스 출판, 2006.

지고 이것을 고스란히 현실 세계에 투사한다.

실제로 「고슴도치 한스」와 「털북숭이 공주」에는 몇 가지 유사성이 있다. 「고슴도치 한스」에 나오는 고슴도치의 가시와 「털북숭이 공주」에 나오는 온갖 짐승의 가죽으로 만든 망토는 모두 몸에 대한 경멸을 상징한다. 어쨌든 성폭력 피해 생존자에게 경계선 성격 장애는 흔하게 나타난다.

털북숭이 공주는 온갖 짐승의 가죽으로 만든 망토를 입고 아버지로부터 도망친다. 동화의 상징적 표현은 피해자의 감정과 정서를 반영하고 있으므로 우선 망토의 정확한 의미를 알아야 한다. 앞으로 살펴보겠지만, 망토는 여러 가지 중요한 의미를 담고 있다.

몸에 대한 혐오감

몸은 성폭력 피해 생존자에게 약점이자 적이다. 몸으로 인해 여러 가지 고통스러운 일을 '당했고' 삶을 큰 불행의 나락으로 떨어뜨렸으니까. 앞에서 확인했듯이 몸의 장벽에 부딪힌 성폭력 피해 생존자는 언제나 생각 속으로 도망치려고 한다. 몸과 달리 생각은 구속받지 않고, 그 무엇도 생각을 해치거나 파괴할 수 없기 때문이다. 그리하여 생각은 보호와 안정을 주는 유일한 장소가 된다.

그다음에 이어지는 것은 충돌과 갈등이다. 정신이 몸과의 전투를 시작한다. 몸에서 생긴 일들을 무시해 버리기 위해 몸을 멸시한다. 성폭력 피해 생존자는 스스로 방어하지 못한 몸을 혐오하고 경멸한다. 자기비하를 멈추고 인격을 구하기 위해 정신이 몸을 버리는 것이다. 결국 몸은 증오를 받으며 인격에서 분리된다. 몸을 버리고 얻은 자부심에 모욕감이 깊은 상처를 낸다. 몸과 마음과 정신이 더는 일치를 이루지 못한다.

성폭력은 어떤 식으로든 신체 감각에 깊은 손상을 입힌다. 몸은 더 이상 쾌감과 즐거움을 느끼는 곳이 아니다. 성폭력 피해 생존자는 다양한 방식으로 몸을 거부하고 몸에 대한 혐오감을 키워 나간다. 특히 성적 감흥이 억눌리고 파괴된다. 한 여성 환자가 이런 상태를 다음과 같이 묘사했다.

저는 배꼽까지만 사람이었고 그 아래로는 존재하지 않았어요.

몸은 떼어 낼 수 없는 무거운 짐이 되고 만다. 성폭력 피해 생존자는 몸으로부터 간절히 벗어나고 싶지만 옴짝달싹할 수 없는, 그물에 걸린 것 같은 기분이 든다. 그들은 몸에서 일어나는 모든 것을 감지하지만 몸에서 자아를 느끼지는 못한다.

「털북숭이 공주」에 등장한 온갖 짐승의 가죽 조각들은 조각난 신체 감각과 정체성을 상징하고, 때로는 다중 인격 장애를 상징하기도 한다. 다중 인격 장애를 앓는 사람의 내면에는 여러 인격이 존재하는데, 진짜 인격은 드러내지 않은 채 다양한 인격이 다양한 역할을 한다. 가령 지금까지의 잘못된 행동을 뉘우치고 바꾸겠다고 약속했다가도 금세 같은 행동을 정당화하고 방어하고, 얼마 못 가 언제 그런 일이 있었느냐는 듯이 행동한다.

부정적인 신체 경험은 전체적으로 피해 생존자의 정서에 해를 입히지만 특히 자신에 대한 부정적 감정을 심화시킨다. 이것은 아주 깊은 자기 증오를 낳는다.

털북숭이 공주처럼 성폭력을 당한 아이에게는 폭력과 비극적 사건 그 이상이다. 가해자의 공격이 너무나 압도적이어서 아이는 절대적 지배와 폭력에 복종할 수밖에 없다. 아이는 자기 의지 없이 기계적으로 반응한다. 성폭력은 아이의 몸에만 해를 입히는 것이 아니다. 성폭력의 비극은 몸뿐 아니라 마음과 정신에도 흔적을 남긴다. 그래서 이것을 '영혼 살해'라고 부르기도 한다.•

다른 사람이 자신의 몸과 마음에 저지른 파렴치한 일에서 겪은 끔찍한 기분은 고스란히 자신에게 이식되어 결코 떨쳐 버릴 수 없고, 몸과 마음의 일부처럼 깊이 뿌리를 내린다. 그것을 씻어 낼 수도 뽑아버릴 수도 없기 때문에 성폭력 피해 생존자들은 끔찍한 기분을 느끼지 않기 위해 스스로 감정을 분리하는 것이다.

한 여성 환자는 어떤 감정의 동요도 없이 자신의 성폭력 경험을 말할 수 있었다. 그러나 끔찍한 기분과 모욕감은 생각지도 못한 상황에서 갑작스럽게 덮쳤다. 그러니까 감정 분리는 문제를 해결하

• 레너드 션골드Leonard Shengold, 『아동 학대와 박탈: 영혼 살해』, 미국 정신 분석학회 저널(27호), 1979. 또는 우르줄라 비르츠Ursula Wirtz, 『영혼 살해: 근친상간과 치료법』, 크로이츠 출판, 2005.

는 진정한 해결책이 아니다. 비극적 사건과의 관계를 이해하지 못한 채 다른 증상을 등장시켜 문제를 피하려는 것에 불과하기 때문이다.

죄책감

중세 시대에 죄를 짓거나 지었다고 의심되는 사람은 머리를 풀어헤친 채 오물을 뒤집어썼다. 그리고 이런 굴욕적인 모습으로 끌려다니며 거리에서 조롱과 돌팔매질을 당했다. 죄인은 자존심, 방어력, 인격, 더 나아가 삶까지도 파괴되는 굴욕을 겪는다. 이 과정은 모두 공개적으로 진행된다. 「털북숭이 공주」에서는 짐승의 가죽으로 만든 망토가 이러한 역할을 하는데, 망토는 마치 두 번째 피부처럼 공주의 몸에서 떨어지지 않기 때문에 오물처럼 씻어 낼 수도, 흐트러진 머리처럼 정돈할 수도 없다. 게다가 망토의 효과는 아주 오래간다.

털북숭이 공주는 가죽 망토 속에 몸을 숨기는 것에 그치지 않고 얼굴과 손에 검댕을 바른다. 이것은 어떤 의미일까. 재를 뒤집어쓰고 자루에 들어가 죄를 고백하는 것은 중세 시대 때부터 잘 알려진 속죄 의식이고 이것은 오늘날에도 여전히 기독교 의식에 남아 있다. 재의 수요일에 신자들은 이마에 재로 십자가를 그어 자신의 죄와 유한성을 고백한다. 그러므로 동화에서 검댕을 바른 것은 죄의 고백, 더 정확히 말해 죄책감을 상징한다. 털북숭이 공주가 얼굴과 손에 회색 재가 아닌 새까만 검댕을 발랐다는 것은 그만큼 죄책감이 더 컸다는 뜻이다.

성폭력 피해 생존자들은 죄책감을 다룰 때, 감정이 아니라 실제 자신의 몸을 극복해야 한다. 그들에게 몸은 적과 악의 장소다. 가해자가 해를 입힌 곳이 몸이니 당연한 결과다. 그들은 몸에서 적과 악을 쫓아내야 한다. 이때 죄책감은 몸이 스스로 만들어 낸 것이 아니라 성폭력 가해자가 주입하고 (투시하고) 피해 생존자가 받아들인 것이다.

앞에서 설명했듯이 가해자는 피해자에게 잘못을 미룸으로써 마음의 짐을 벗는다. 그래서 성폭력 피해 생존자는 자신이 나쁘고, 방탕하고, 잘못을 저질렀고, 더럽다고 느낀다. 자신을 방어할 수 있는 자존감은 성폭력에 의해 파괴되었기 때문에 몸을 괴롭히고 자해하는 것은 무거운 죄책감에서 조금이나마 벗어나 보려는 안간힘일 수 있다.

왜 죄책감이 생길까? 「털북숭이 공주」에서 파렴치한 행위를 하려 했던 장본인은 공주가 아니라 왕이었다. 그런데 죄책감을 느끼는 사람은 공주다! 딸이 아버지에게 성폭력을 당했다면, 그것은 결코 딸의 잘못이 아니다. 게다가 아이는 아버지의 보호를 받을 권리가 있다. 딸의 신체적 안전을 보장할 책임이 바로 아버지에게 있기 때문이다. 이런 책임을 다하지 않은 것만으로도 아버지는 잘못을 저지른 것이다. 하물며 자신의 성욕을 채우기 위해 제 딸을 망친 장본인이 아버지라면 그 죄가 얼마나 크겠는가!

거의 모든 성폭력 피해 생존자, 특히 친부에게 성폭력을 당한

1부 털북숭이 공주의 운명 : 가정에서의 성폭력

사람들이 겪는 가장 큰 문제가 바로 고통스러운 죄책감이다. 앞서 언급했듯이 고문을 당했거나 강제 수용소에서 끔찍한 학대를 받았던 사람들도 이런 비현실적인 죄책감을 가진다. 이때도 가해자인 고문관들은 자신들의 잘못을 대부분 부인한다. 그들은 나치당 당원으로서 명령을 따랐을 뿐이라고 계속해서 주장한다. 항명하면 총살되기 때문에 부모와 아내, 자식을 구하기 위해 어쩔 수 없이 잔인한 명령을 따른 거라고 변명한다. 그들에게서 진심 어린 후회는 전혀, 혹은 거의 찾아볼 수 없다.

피해자인 수감자들은 사정이 다르다. 그들은 자신이 죄책감을 느낄 수밖에 없는 이유를 끊임없이 찾아낸다. 가령 그들은 (고문에 못 이겨) 비밀을 폭로했고, 자신의 가치관을 저버렸고, 자기 대신 다른 사람들이 가스실로 끌려갔다는 데 죄책감을 느낀다. 죄책감을 느낄 이유는 수도 없이 많다. 이때 이런 이유들이 현실적으로 죄책감을 가질 만한 것인지, 그러니까 정말로 잘못한 것인지는 중요하지 않다. 잘못을 저질렀다는 믿음이 생기면 죄책감을 느끼기에 충분하기 때문이다.

아이들은 특히 쉽게 죄책감에 빠질 수 있다. 축복 속에 태어나지 못한 아이는 아주 일찍부터 죄책감을 느끼기 쉽다. 아이는 자신의 존재가 노골적으로 혹은 은밀하게 거부당했다는 사실을 감지하고 평생 자기 존재의 정당성을 입증해야 한다고 믿게 된다.

"죄책감을 가질 이유가 전혀 없어"라고 말해 주는 것만으로는 죄책감을 극복할 수 없다. 그렇게 말해 주는 것이 죄책감이라는 짐을 더는 데 도움이 될 수는 있겠지만 완벽한 치유로 이어지지는 않는다. 피해자의 깊은 상처를 아물게 하고 조각난 몸과 마음과 정신을 다시 하나로 봉합하는 치료가 더해져야 한다.

모든 고통을 혼자 짊어지는 아이

아이에게 아버지는 삶의 토대가 되는 중요한 사람이다. 아이는 아버지로부터 사랑받고 싶어 하고 아버지와 같은 편이라고 느끼고 싶어 한다. 그러나 아이에게 고통만 주는 존재라면 차라리 아버지가 없는 게 더 낫지 않을까? 아무리 그래도 있는 게 나을까?

아이는 아버지를 잃는 것을 원하지 않는다. 아버지를 잃는 것은 또 다른 비극을 의미하기 때문이다. 그것은 어머니가 남편을, 다른 형제자매가 아버지를 잃는 일이기도 하다. 어쩌면 어머니도 아버지와 한편일 수도 있다.

아이가 어머니에게 아버지의 성폭력 사실을 알리며 도움을 청할 때, 오히려 아이를 나무라며 거짓말하지 말라고 야단치는 어머니가 많은데, 이것은 어머니 역시 '부정'이라는 방어 기제에 굴복하기 때문이다. 이런 경우라면 아이는 아버지에 이어 어머니까지 잃게 되는 것이다. 아버지에게 성폭력을 당하고도 계속 아버지로 인정하고 함께 사는 일이 도대체 어떻게 가능하단 말인가? 이것을 이해하려면 아이의 복잡한 내면을 분석해야 한다.

아이가 아버지의 자격으로 부성애와 자식에 대한 책임을 최우선으로 꼽는다면, 성폭력이 자행된 이후 아이는 아버지가 더는 아버지가 아니라는 것을 명확히 알게 된다. 아버지는 명백한 잘못을 저질렀고 더는 아버지로서 자격이 없다. 아버지의 악행은 폭로되어야 마땅하지만 아이는 그 결과를 감당하기 힘들다. 아버지의 악행을 폭로하게 되면 아이는 아버지와 헤어질 수밖에 없고, 어쩌면 이것은 아버지의 악행보다 훨씬 더 위협적일 수 있기 때문이다. 그러므로 아이는 아버지의 잘못을 부정하거나, 사실이 폭로되는 것이라도 막으려 한다. 가족을 지키고 그 안에 머물기 위해 아이는 모든 걸 자기 탓으로 돌린다.

아이는 아버지(가해자)가 잘못했다는 사실을 인정할 수 없기 때문에 누구의 잘못인지를 계속 묻게 된다. 아버지의 잘못이 아니라면 누구의 잘못인가? 결국 아이는 자신을 죄인으로 의심할 수밖에 없다. 가해자를 대신해 모든 것을 자기 탓으로 돌리고 고통을 준 가해자와 자기 자신을 동일시하는 것이다.

아이가 모든 걸 제 탓으로 돌리는 데는 또 다른 이유가 있다. 잔인하고 고통스러운 사건을 겪고 존재의 뿌리가 흔들리면서 극도로 불안해진 아이는 현실을 똑바로 보지 못한다.

강한 수치심이 불안을 심화시키고 모든 잘못을 자기 자신에게서 찾게 만든다. 아이는 계속해서 한 가지 질문만 던진다.

'내가 뭘 잘못했길래 이런 끔찍한 일을 당한 걸까?'

(물론 이 질문에 대한 대답은 당연히 '잘못한 게 없다'이다.)

가해자의 잘못이 폭로되면 그 후의 삶 역시 고통일 거라는 두려움에 아이는 모든 잘못의 책임을 스스로에게 돌리려는 비합리적인 시도를 하는 것이다.

아이가 모든 잘못을 제 탓으로 돌리는 데 가해자도 한몫을 한다. 예를 들어 아버지는 아이가 자극적인 행동으로 자신을 유혹한 거라고 아이를 세뇌시킨다.

"너도 원했잖아, (늘 그렇듯이) 너도 좋았잖아!"

게다가 성폭력 피해 생존자가 본능적으로 어쩔 수 없이 성적 흥분을 느끼기라도 하면 죄책감이 더해지는 경우도 있다. 몸은 성적 자극에 반사적으로 흥분 반응을 보인다. 이것은 의자에 앉은 사람의 무릎을 고무망치로 가볍게 치면 다리가 저절로 움찔 올라오는 무릎 반사와 같은 원리다. 다리의 이런 반응을 자의로 막을 방법은 없다. 성적 자극도 마찬가지다. 어쩔 수 없는 본능적인 반응이었음에도 성폭력 피해 생존자들은 성적 흥분을 느낀 자신을 용서하지 못하는 것이다. 두려움과 혐오, 통증 같은 부정적 감정이 아무리 강해도 성적 흥분을 막을 수 없는 경우도 있다. 게다가 가해자가 성적 흥분을 암시하는 경우도 많다.

가장 끔찍했던 건, 아버지의 행위가 저를 흥분시켰다는 사실이에요. 그것 때문에 죄책감이 생겼어요. 그런 상황에서 쾌감을 느낀 제가 사악하고 뻔뻔해 보였거든요.

1부 털북숭이 공주의 운명 : 가정에서의 성폭력

있을 수도 없고 있어서도 안 되는 행위에 의해 몸이 성적 흥분으로 반응할 때, 경험이 없는 어린 피해자는 감정을 올바르게 구분할 수 없기 때문에 더욱 심한 분리가 생긴다. 게다가 성적 흥분은 아이가 감당할 수 있는 감정이 아니다. 아이는 성적 흥분에 대처할 능력이 아직 없기 때문이다. 통제할 수 없는 어떤 일이 자기 몸에서 일어난 아이는 당혹스러울 수밖에 없고, 결과적으로 수치심과 죄책감을 느낀다. 이것은 훗날 아이의 성 발달에 막대한 해를 끼친다. 이를 테면 성폭력 장면을 상상해야만 성적 흥분을 느낀다거나, 파트너가 가해자와 닮거나 폭력을 써야만 쾌감을 느끼게 될 수도 있다.

설령 아이가 진짜 성적으로 유혹했더라도 어른으로서 책임을 면할 수는 없다. 그럼에도 법정이 아이의 유혹을 내세워 어른의 책임을 부정하고 결국 가해자를 석방시키는 일이 종종 발생한다. 「털북숭이 공주」에서도 왕은 딸의 아름다움에 사랑을 느낄 수밖에 없다며 자신은 잘못이 없는 것처럼 말한다. 더욱이 왕은 죽은 왕비에게 그녀만큼 아름다운 여자를 새 왕비로 맞겠다고 약속했기 때문에 이를 지키려 했을 뿐이라고 주장한다.

이 지점에서 간과해서는 안 되는 것이 있는데, 아이가 어떻게 행동하느냐는 언제나 어른의 책임이라는 사실이다. 아이가 성적으로 유혹했다면 그것은 아이가 스스로 한 것이 아니라 어른들이나 자기보다 나이가 더 많은 다른 아이들에게 배운 것이다.

성폭력을 당한 아이는 극도의 자기 멸시와 현실 도피를 선택해서 인격이 산산조각 나는 것을 막고자 한다. 성폭력의 모든 책임을 떠안음으로써 인격의 붕괴는 막았지만 치러야 할 대가는 막대하다.

털북숭이 공주는 자기가 나빴고 모든 것이 자기 잘못이라고 생각하기 때문에 자신의 고유한 정체성으로 살아갈 자신이 없다. '좋은 아버지상'을 유지하기 위해 공주는 '파렴치한 아버지상'을 '파렴치한 자아상'으로 바꾼다. 아버지의 파렴치한 행위에도 불구하고 계속 아버지를 사랑할 수 있으려면 부분적으로나마 현실을 왜곡해야 한다. 털북숭이 공주는 자신을 "부엌데기 말고는 아무 쓸모 없는 계집"으로 확신할 정도로 자기 멸시에 빠진다. 동화는 이 부분에서 아이의 자학적 자기 이해를 매우 직설적으로 표현한다.

자기 증오

털북숭이 공주가 살게 된 성의 왕자는 어린 하녀가 만든 수프를 먹은 뒤 그녀의 특별한 재능을 알아보고 그녀의 정체를 밝히고자 한다.

왕자가 물었습니다.
"너는 누구냐?"
공주가 대답했습니다.
"저는 아버지와 어머니가 없는 불쌍한 계집입니다."
왕자는 또다시 물었습니다.

"어째서 내 성에 있느냐?"

"저는 부엌데기 말고는 아무 쓸모 없는 계집입니다."

아이가 스스로를 사랑받는 존재라고 느끼는지 아닌지를 살펴볼 때, 1차적인 책임은 부모에게 있다. 아이의 마음속에 긍정적인 부모상이 있을 때 아이는 자신을 사랑하고 자신과 타인 모두에게 다정할 수 있다. 그러나 어머니를 여의고 의지할 수 있는 아버지도 잃은 털북숭이 공주는 도움을 청할 곳이 없다. 털북숭이 공주의 짧은 대답에는 이처럼 깊은 진실이 담겨 있다. "아버지와 어머니가 없는 불쌍한 계집"이나 "부엌데기 말고는 아무 쓸모 없는 계집"이라는 말은 자기 자신을 사랑할 줄 모른다는 말의 동화적 비유다.

마조히즘의 뿌리는 유년기에 있다고 알려져 있다. 어떤 이유에서든 자기애의 부족이 마조히즘의 한 원인이다. 여기에 성폭력 같은 공격적이고 파괴적인 비극이 추가되면 강한 자기 증오가 생긴다. 털북숭이 공주와 같은 운명을 가진 사람들은 (그들에게 벌어진 비극의 결과로) 자신들이 오로지 고통받고 무시당하고 상처받기 위해 존재한다고 생각한다. 이런 자기 증오는 당연히 모든 대인 관계에 막대한 영향을 미치고 병적인 사랑으로 변질될 수 있다.

성폭력 피해 생존자들 중에서는 가학적인 파트너를 찾는 경우가 종종 있다. 학대가 있어야 성적 쾌락을 느낄 수 있기 때문이다. 이것은 끔찍한 경험을 반복하려는 강박에서 비롯된다. 사랑을 줘야 할 사람이 고통과 멸시와 굴욕과 학대를 하면 그런 관계 패턴이 발달하게 된다.

현대 사회에서 사디즘과 마조히즘 환자들이 늘고 있다. 고통을 동반하는 병적인 성도착은 성폭력으로 귀결된다. 이런 장애는 병적 패턴이 깊이 자리하기 때문에 치료하기가 아주 어렵다.

학대와 성폭력을 경험한 사람들은 학대와 성폭력이 자신들의 자학적 태도에 어떤 영향을 끼쳤는지 치료 과정에서 인식할 수 있다. 그러나 이러한 인식만으로 문제를 해결할 수 없다. 자학 에너지를 밖으로 분출하고 긍정적인 방식으로 자신을 방어할 수 있을 때 비로소 자학을 멈출 수 있다.

여러 질환들, 특히 심신 상관 질환은 파괴적인 자기 증오에서 생긴다. 이것이 중독 질환으로 이어지는 경우도 많다.

모든 것을 자기 탓으로 돌린 털북숭이 공주는 기본적으로 끔찍한 경험을 외면하려 애쓴다. 앞에서 언급했듯이, 공주의 왕국 탈출은 심리적 탈출이다. 성폭력 피해 생존자가 할 수 있는 것은 동화에서 정확히 묘사하듯 심리적 탈출뿐이다. 자기 멸시라도 하지 않으면 모든 것은 더 견디기 힘들고 더 위험해질 것이다. 아버지의 행위가 만천하에 폭로되어야 하는데, 그것은 곧 가족 파괴를 뜻한다. 게다가 과연 누가 어린아이의 말을 믿을까?

"사람들은 내 말을 안 믿어줄 거야. 나는 그런 사람이 못 돼. 나의 행복은 중요하지 않아. 나의 몸과 마음이 괜찮은 것보다 우리 가족의 운명이 더 중요해."

여기에서도 자기 멸시가 명확히 드러난다. 압도적인 강적 앞에서는 복종할 수밖에 없다.

몇몇 성폭력 피해 생존자들은 내게 바로 이런 고독과 마음의 불안을 강조했다.

어머니는 제게 거짓말하지 말라며 욕을 했고 며칠 동안 저와 말도 하지 않았어요.

아버지가 한 짓을 어머니에게 털어놓자 어머니는 그저 빨리 잊어버리라고 했어요.

삼촌이 한 짓을 가족에게 얘기했지만 아무도 제 말을 믿으려 하지 않았어요. 그때부터 저는 그럴듯하게 거짓말을 하기 시작했어요.

다섯 살 때였어요. 아버지의 친구가 한 짓을 아버지에게 얘기하자 아버지는 저를 회초리로 때렸어요. 그 후로 저는 여러 사람에게 성폭행을 당했어요. 여자 교사, 나중에는 남자 교사와 남학생까지, 그들 사이에서 저는 거의 모두의 '장난감'이었어요.

자해

몸에 상처를 내는 행위는 많은 피해 생존자들이 보이는 자학의 한 방식이다. 이것은 자기 몸에 대한 강한 거부의 표현이다. 삶에 수많은 고통을 가져온 몸은 학대를 받아 마땅하다고 생각한다. 종종 성폭력은 통증을 중독성 있는 쾌락으로 만든다.

한 여성 환자는 살갗에 자상을 입히는 이른바 '칼로 긋는 행위'(주로 팔과 다리에 하지만 다른 신체 부위에도 종종 행한다)에서 느끼는 감정을 '오르가슴'이라고 설명했다. 다시 말해 몸에 상처를 내면서 안도감을 느끼는 것이다. 이런 사람들은 주로 피학적 복종이 가능한 파트너를 찾는데, 이런 성향이 어떤 관계를 형성할지는 쉽게 예상할 수 있을 것이다.

성폭력 피해 생존자들은 견디기 힘든 공허감이나 심리적 긴장감을 느낀다. 그런 점에서 볼 때 칼로 신체 부위를 긋는 행위는 긴장감을 가라앉히고 자신을 느끼려는 시도라 할 수 있다. 이런 행위를 하며 안도감을 느낀 후에는 몸에 상처를 내고 싶은 자해 욕구가 잠시나마 가라앉는다.

성폭력을 당한 아이는 자신이 당한 고통을 다른 사람에게 똑같이 가하려는 심리적 메커니즘이 있다. 예를 들어 회사에서 상사에게 모욕을 당한 가장이 집에서 아내나 자식들에게 큰소리를 치는 것처럼, 자신이 겪은 절망을 더 약한 사람에게 전가한다. 상사에게 모욕을 당한 가장은 이런 행동을 통해 어느 정도 후련함을 느끼겠지만 당연히 이것은 어느 누구에게도 좋은 해결책이 될 수 없다.

성폭력에서도 똑같은 심리적 메커니즘이 작용한다. 단, 성폭력에서는 극심한 고통이 극심한 파괴적 에너지를 불러일으킨다. 그리고 이 에너지는 다른 사람이 아닌 바로 자신의 몸을 향한다. 내가당한 폭력을 똑같이 전가하되 남이 아닌 자신의 몸에 해를 가하는것이다. 몸에 상처를 내는 행위는 우월감과 권력욕을 느끼게 하기때문에 여기에 중독된 사람들은 이러한 행위를 쉽게 멈추지 못한다. 내 몸은 내 거라는 생각으로 자해에서 벗어나지 못하고, 마음이치유될 때까지 이런 행위가 계속 재발한다.

몸에 상처를 내는 행위는 대부분 중독성이 있기 때문에 그런유혹에 계속해서 빠질 수밖에 없다. 마약 중독과 비슷하다. 비록 고통이 따르긴 하지만 견디기 힘든 공허감과 긴장감에서 잠시나마 해방되는 기분을 느끼는 것이다. 그러나 특정 물질이나 행위에 중독되는 것은 처음에는 어떤 도취감과 만족감을 줄지 몰라도, 완전히 중독된 뒤에는 더 이상 감흥을 느끼지 못한다. 그러면 금단 현상을 잠재우려는 것과는 별개로, 오직 긴장감과 두려움을 줄이는 진정 효과만을 갈망하게 된다. 중독과 마찬가지로 몸에 상처를 내는 행위역시 악순환을 만든다. 한 여성 환자는 이렇게 말했다.

제 몸에 상처를 내고 싶은 욕구가 점점 강해지는 걸 느껴요. 이런 충동을 더는 참을 수 없다고 느낄 때, 저는 날카로운 물건이나 칼로 팔이나 다리에 상처를 내기 시작해요. 그 순간 어떤 흥분이 느껴지고 통증까지도 황홀하다는 생각이 듭니다. 하지만 곧 죄책감이 들어요. 또 참지 못했다는 생각에 스스로가 혐오스럽게 느껴져요. 이러한 자해는 이제 그만하자고 늘 결심하지만 결심은 매번 무너지고 그때마다 제 자신을 증오하게 됩니다. 사람들에게 상처를 들킬까 겁이 나기도 해요. 그래서 저는 다른 사람들과 너무 가까워지지 않도록 늘 조심합니다.

극심한 폭력과 침범(성폭력이 바로 이런 경우다)을 당한 사람은, 비록 철저하게 부정해 인식조차 못한다 하더라도 가해자에 대한 깊은 분노와 증오를 갖고 있다. 존재를 외면당한 이런 감정들은 뿔뿔이 흩어져 버리기 때문에 누군가의 도움 없이는 직접적으로 표현하기 힘들다. 이런 감정들은 오직 우회적으로만 드러날 뿐이다.

통증에서 자아를 느끼는 행위에 중독되면 몸에 상처를 내는 것에서 그치지 않을 뿐 아니라 '심인성 통증 장애'까지 일으킬 수 있다.

심인성 통증 장애는 신체적 질병이 없음에도 불구하고 심리적인 이유 때문에 몸에서 통증을 느끼는 병으로, 성폭력 피해 생존자들의 경우 주로 생식기에서 나타난다. 다른 심리적 원인 없이 심인성 통증 장애가 지속된다면 감춰진 성폭력 경험이 있는지 의심해 볼 만하다.

할아버지에게 성폭력을 당했던 A는 이따금씩 지속되는 생식기 통증을 앓았다. 별의별 검진을 다 받았지만 특별한 병인은 발견되지 않았다. 결국 그녀는 산부인과를 찾았고 자궁 제거 수술을 받았다.

몸에 아무 이상이 없다는 사실을 확인받으려던 A의 모든 노력은 수포로 돌아갔다.

'심신 상관 질환'이란 심리적 원인으로 생기는 신체 질환을 뜻한다. 심신 상관 질환은 환자가 심적 부담을 덜고 자책에서 벗어나게 해준다. 충격적인 사건에서 벗어나 자신의 질병에만 집중할 정당성을 갖게 된다. 그렇게 질병이 주는 이점을 누린다.

많은 경우 신체 질환은 심리적 원인에 의해 생길 수 있다. 그리고 성폭력 경험으로 인해 심신 상관 질환이 생기기도 한다. 그러나 이때 근본적인 갈등은 신체적 증상에 가려져 쉽게 드러나지 않는다. 결국 근본적인 갈등은 해소되지 않은 채 신체적 증상만 치료하게 되는 경우가 많다.

중독

성폭력 피해 생존자들은 빈번하게 감정 기복, 불쾌함, 공허함, 우울감, 증오심, 자기혐오를 강하게 느낀다. 이런 부정적인 감정에 계속 시달리는 사람들은 주로 술, 마약, 약물 같은 것들로 정신을 마비시킴으로써 즉각적인 안도감을 얻으려 한다.

피해자들은 성폭력에 의한 부정적 감정을 없애기 위해 중독 물질에 빠져든다. 성폭력으로 생긴 내적 결핍을 술로 채우려 하거나 성적 흥분을 느끼기 위해 마약으로 긴장된 마음을 풀려고 한다. 이런 것들이 실제로 안도감을 주는 경우도 있지만 시간이 갈수록 부정적 감정은 점점 더 강해지기 때문에 원하는 효과를 얻기 위해서는 중독 물질의 양을 계속해서 늘릴 수밖에 없다. 이런 식으로 계속 가짜 해결책을 쓰면 중독 질환에 걸릴 확률은 훨씬 더 높아진다. 그러다 보면 금단 현상으로 인해 중독 물질을 더욱 간절하게 원하게 된다.

알코올 의존증 같은 물질 중독 말고도 일 중독, 쇼핑 중독, 청소 중독 등 여러 형태의 중독이 있다.

성폭력은 종종 극단적 식습관(섭식 장애)을 불러오기도 한다. 섭식 장애를 앓는 환자들의 얘기를 들어 보면, 그들은 이미 어렸을 때부터 부정적 감정을 억누르기 위해 폭식을 택했다. 근심, 외로움, 슬픔을 달래기 위해 특히 과자 같은 고칼로리 식품을 중독 물질처럼 이용했다.

섭식 장애를 앓는 환자들의 고도 비만은 당연히 폭식의 결과다. 그러나 비대한 몸이 된 데는 무의식적인 이유가 있다. 살을 빼려는 모든 노력이 실패로 끝난 뒤 한 여성 환자가 이렇게 말했다.

제 몸은 저를 보호해 주는 안전한 성 같아요. 어떤 남자도 뚱뚱한 저를 원하지는 않을 테니까요.

과도한 굶주림(거식증) 역시 마약과 유사한 효과를 낸다. 성폭력은 삶 전반에 대한 두려움을 불러오는데, 누군가는 이 두려움 때문에 어른이 되기를 거부하기도 한다. 거식증은 몸이 어른의 모습으로 (겉보기에 여성적인 모습으로) 성장하는 것을 막는다. 성욕이 없고 살은 어린아이처럼 말랑말랑하다. 게다가 거식증 환자들은 고유한 도핑 물질을 체내에서 생산한다. 음식물이 거의 연소되지 않거나 아주 적게 연소되더라도 신체 기능을 유지하기 위한 일종의 생존 보조제, 암페타민(각성 물질)을 분비한다. 거식증 환자들은 이런 체내 도핑 물질에 중독될 뿐만 아니라, 금단 현상으로 나타나는 증상들, 특히 우울한 기분을 막기 위해서라도 거식증을 유지하려고 한다.

트라우마

트라우마는 그리스어로 '상처'라는 뜻으로, 원래 의학계에서 몸에 난 상처를 가리키는 말로 썼다. 우리가 흔히 말하는 정신적 트라우마, 즉 정신적 외상은 마음에 난 상처를 뜻한다. 그리고 강한 충격으로 생긴 트라우마는 각고의 노력 없이는 쉽게 치유되지 않는다. 심한 학대나 폭행, 사고, 성폭력과 같은 큰 사건들이 무력감, 죽음에 대한 공포, 절대복종과 연결되어 깊은 상처로 남기 때문이다.

이때 정신적 외상의 전형적인 결과는 다음과 같다.

- 떨쳐낼 수 없는 기억, 사건에 대한 괴로운 생각
- 불면증, 악몽, 과민증, 집중력 장애
- 퇴행, 무관심
- 세계가 더는 안전하지 않고 예측 불가의 적으로 느껴짐. 사는 게 의미 없다는 생각.

그리고 성폭력을 당한 경우 다음과 같은 장애가 추가된다.
- 성적 장애 : 혐오감, 신체적 접근과 접촉에 대한 두려움, 자기 증오
- 죄책감

성폭력 피해 생존자들은 비극적인 사건들이 정신적으로 통합되지 못하고 스트레스가 남는 경우가 많다. 특히 아이들은 비극적 경험을 계속해서 '재현하는' 경향을 보인다. 의학 용어로 '외상 후 스트레스 장애Posttraumatic stress disorder'라고 한다. 심리 치료의 과제는 트라우마로 인한 결과를 최소화하거나 완전히 없애는 것이다. 정신적 외상을 잘 극복할 수 있다면 우리는 더 나아가 정신적·영적으로 성장할 수도 있을 것이다.

부모를 잃은 아이

여자아이들은 흔히 동화 속 공주처럼 살고 싶다는 꿈을 꾼다. 동화 속 공주들은 어린아이가 꿈꾸는 모든 것을 가지고 있고, 부모의 극진한 보살핌을 받으며 안락한 삶을 누리기 때문이다. 그러나 「털북숭이 공주」에서는 이런 극진한 '사랑'에 또 다른 상징이 숨어 있음을 보여 준다. 즉 부모와 자식의 관계가 지나치게 밀착되면 집착으로 발전할 수도 있다는 것이다. 동화에서 공주는 아직 부모로부터 독립하지 못했기 때문에 연애와 결혼에서 자유롭지 못하다.

털북숭이 공주는 비극적 사건으로 인해 삶이 송두리째 흔들리는 엄청난 변화를 겪어야만 했다. 아버지의 파렴치한 행위로 인해 편안한 삶을 버리고 보호받지 못하는 세계로 도망쳐야 했다. 털북숭이 공주는 이제 안락한 삶을 누릴 수 없고, 공주보다 더 낮은 신분인 하녀로 살아가야 한다. 그러나 더 이상 아버지에 대한 두려움으로 고통받지 않아도 된다. 그것만으로도 마음은 안정을 느낀다. 앞에서 강조했듯이 동화는 내적 과정을 반영한다.

예를 들어 삶의 안락함이 모두 사라졌더라도 겉으로 드러나는 공주의 이미지는 그대로 유지될 수 있다. 성폭력 피해 생존자들은 종종 자신을 주변에 맞춘다. 동화에서 묘사했듯이 그들은 온갖 궂은일을 도맡아 한다. 그들은 성폭력 사실이 폭로될까 두려워 과도하게 순종하고 지나치게 자신을 주변에 맞추기 때문에 '눈에 잘 띄지 않는' 존재가 된다.

우리는 털북숭이 공주의 탈출을 내면으로의 탈출이라고 해석할 수 있다. 그러나 실제로 집을 떠나는 탈출도 드물지 않다. 청소년기에 가출을 했던 사람들의 절반이 유년기에 성폭력을 경험했다는 조사 결과도 있다.

트라우마를 남기는 경험은 언제나 깊은 불안을 낳고, 불안은 인생을 뒤죽박죽으로 만들어 버린다. 그 사건이 있고 오랜 시간이 흘러, 더는 그런 일을 당할 위험이 없는데도 불구하고 육체적·정신적 손상은 기억과 감정, 정신에 남아 있다. 성폭력은 대부분 한 번으로 끝나지 않고 여러 해에 걸쳐 반복되기 때문에 성폭력 트라우마는 더욱 강하게 남는다. 혹여 한 번뿐인 성폭력이었다 하더라도 그 결과는 평생 남아 한 사람의 정체성을 흔들어 놓을 수 있다. 다음의 사례가 이것을 잘 보여 준다.

S는 열한 살 때 화장실에서 술에 취한 아버지로부터 강간에 버금가는 심한 성폭력을 당했다. 그녀는 두려움에 온몸이 굳어 비명조차 지를 수 없었다고 한다. 이 사건이 있은 후 그녀는 기쁨이라는 감정을 잃었다. 언제나 자신을 괴롭혀야 살 수 있었다. 학교에서는 모범생이었지만 그녀는 학교생활이 싫었다. 직업 교육 역시 겨우 마쳤다. 젊은 여성으로서 부드러운 스킨십을 고대하고 갈망하기도 했지만 동시에 그것은 큰 두려움이었다. 그때의 사건을 늘 떠올리며 산 건 아니지만, 자주 감정이 마비된 듯한 기분이 들었고 몸이 납처럼 무겁게 느껴지기도 했다. 그녀는 청소년기에 이미 술에서 위안을 얻기 시작했다. 그녀가 술을 찾는 횟수는 점점 더 늘어 갔고, 결국 알코올 의존증에 빠지고 말았다.

S는 세상에 대한 신뢰가 완전히 무너져 자신에게는 도움을 청할 능력조차 없다고 생각했다. 또한 자신의 문제로 인해 고통받는 어머니에게 기대고 싶지도 않았다.

아이를 밀어낸 어머니

아버지의 성폭력이 가족에게 알려지면 대부분의 어머니들은 자기 일이 아닌 양 모른 척한다. 동화에서는 어머니가 죽었다고 묘사되는데, 여기서 우리는 동화의 비유와 현실이 얼마나 정확히 일치하는지 다시 확인할 수 있다. 아버지의 성폭력이 가족에게 알려진 뒤, 한 어머니는 고작 열두 살인 딸을 비난하며 이렇게 말했다.

"네가 어떻게 나한테 이럴 수 있니!"

어머니는 자기야말로 남편에게 배신당한 진짜 피해자라고 생각하기 때문에 성폭력을 당한 딸을 동정하지 않는다. 아버지에게 성폭력을 당한 아이는 이해와 보호, 연대를 받기는커녕 어머니로부터 공격과 비난, 질책을 받는다. 그렇게 아이는 어머니를 잃는다. 동화는 이것을 정확히 묘사한다. 털북숭이 공주는 마치 용서를 빌듯이 계속해서 자신을 "아버지와 어머니가 없는 불쌍한 계집"이라고 강조한다. 공주가 처한 곤궁함, 두려움, 자기방어 불능, 정체성 파괴, 처량함이 이 한 문장에 모두 담겨 있다. 중요한 것은 털북숭이 공주는 극단적인 방식으로 아버지와 어머니를 잃었다는 점이다.

부모가 진짜 사망한 경우라면 애도 기간이 지난 뒤 다른 사람이 그 자리를 대신 채울 수 있기 때문에 새로운 신뢰가 자라나고 자아도 안정을 되찾을 수 있다. 그러나 성폭력을 당한 아이는 부모로부터 깊은 상처를 받는다. 영혼 살해를 저지른 아버지로부터, 그리고 지독하게 절망적인 상황에서 멀찌감치 떨어져 모른 척하고 보호자 역할도 미뤄 둔 채 자기 문제에만 매몰되어 늘 괴로워하고 자책했던 어머니로부터……

아버지에게 성폭력을 당한 딸들은 대개 고통을 준 가해자인 아버지만큼 방관한 어머니 역시 증오한다. 그러므로 성폭력 피해 생존자를 치료할 때는 가족의 전체적인 상황까지 고려하는 것이 중요하다. 다음의 사례는 가족 배경의 중요성을 명확히 보여 준다.

B는 점점 짧은 간격으로 강한 약물 치료를 받아야 할 정도로 알코올 의존증이 심각해졌을 때 비로소 상담 치료를 시작했다. 그녀는 그동안 여러 차례 의식 불명 상태로 병원에 실려 갔고 결국 병원 복지사의 권유에 따라 장기 입원 치료를 받기로 했다. 상담 치료를 받으면서 그녀는 자신의 일생을 심층적으로 되돌아보았다.

어머니와 아버지는 늘 사이가 안 좋았고 매일 고함을 지르며 싸웠다. 그녀가 열네 살이 되었을 때 부모님은 결국 이혼을 했다. 그녀는 아주 어렸을 때부터 어머니의 품을 느낄 수 없었다. 어머니가 아기의 얼굴을 보지 않으려 했고 젖을 물리는 것조차 거부했기 때문이다. 그녀는 자라면서 자주 어머니에게 대들었고 어머니를 괴롭히는 아버지와 똑같이 행동했다. 아버지가 어머니에게 이기적이고 형편없고 인정머리 없다고 욕할 때마다 그녀는 속으로 고개를 끄덕였고 아버지와 동맹을 맺어 '악한' 어머니에 맞섰다. 아버지는 자기편을 들어주는 딸을 우상 숭배하듯 집착했고, 딸은 아버지의 모든 애정과 사랑을 독차지하려 애썼다. 딸이 원하는 건 뭐든지 해 주는 아버지와 달리, 어머니는 남편의 방임에 균형을 맞추기 위해 딸을 더욱 엄하게 대했다. B는 어머니에게 반항으로 일관했고 어머니와 딸의 관계는 더욱 멀어졌다.

그녀가 열 살이 되었을 때 아버지는 별의별 핑계를 대며 딸과 같은 침대에서 잤다. 아버지는 딸의 음부를 쓰다듬었고 딸은 아버지가 오르가슴을 느끼도록 해야 했다. 아버지와의 이런 '접촉'은 그녀에게 확실히 불편한 것이었다. 그녀는 죄의식이 생기고 자신이 더럽다는 생각이 들었지만 아버지를 거부할 수는 없었다. 좀 더 나이가 들었을 때도 여전히 아버지를 거부할 자신이 없었고 결국 성관계까지 이르게 되었다. 그녀는 아버지 앞에서 무력했고, 왠지 아버지가 하라는 대로 해야 할 것 같았다. 치료 과정에서 성폭력 때 그녀가 느꼈던 쾌락에 대해 집중적으로 다뤘다. 그녀는 그때까지 거부해 왔던 성적 흥분에 대한 자기 반응을 조금씩 받아들일 수 있게 되었고, 극심한 죄책감과 수치심도 견딜 수 있게 되었다.

당시 아버지는 재혼을 했었는데, 새어머니가 세상을 떠나자 다시 딸에게 접근했다. 그때 그녀는 스물여섯 살이었지만 스스로도 놀랍게도 여전히 아버지를 거부할 수 없었다. 그녀의 이성은 완강히 저항했지만 몸은 아버지를 따르고 있었다.

몇 년 후 아버지는 딸에게 다시 같이 살자고 했다. 그녀는 아버지가 무엇을 원하는지 알았지만 그럼에도 무기력하게 그의 부당한 요구를 받아들였다. 차마 직접적으로 거부할 수는 없었지만 간접적으로라도 아버지를 멀리하기 위해 그녀는 만취할 때까지 술을 마셨고 집 안에 있는 가구들을 팔아 치웠다. 얼마 후 아버지가 포기하고 딸에게서 멀어진 걸 보면 그녀의 전략이 어느 정도 통했던 것 같다.

이 사례를 보면 B와 어머니의 관계는 일찍부터 파괴되었다는 사실이 두드러진다. '세상에 대한 기본적인 신뢰'가 발달하려면 아이와 어머니 사이에 애착 관계가 형성되어야 하는데, 그녀의 경우는 그러지 못했다. 그러면서 어머니와 맺지 못한 애착 관계를 아버지와 쌓으려 한 것이다. 아버지는 정신이 나약한 술주정뱅이에다 사사건건 아내에게 맞서는 유치한 고집불통이었지만 B에게는 유일한 애착의 대상이었다. 동화에서는 어머니의 죽음이 현실로 일어나지만 B는 심리적으로 어머니의 죽음을 경험한다. 어린 B의 마음에 어머니는 죽은 것과 다름없었다. 어머니가 뒤늦게나마 아이를 돌보려 애썼지만 딸과의 관계는 이미 파괴된 뒤였다. 이것이 딸의 건강한 인격 발달을 방해했다. 딸에게 어머니는 이미 죽은 사람이었고 아버지와의 관계만이 남았다. 아버지답지 못한 아버지지만 딸의 애정 욕구를 채워줄 수는 있었기 때문에 B는 아버지를 가장 중요한 애착 대상으로 이상화했다.

성폭력을 당한 이후 B는 더욱 강하게 아버지에게 종속되었다. 이때 B의 내적 상태는 털북숭이 공주가 입은 망토가 상징하는 것과 같다. 삶에서 느껴야 할 생생한 감정이 심연으로 가라앉고, 아름다움도 느낄 수 없는 저주에 걸린다. 마치 망토가 털북숭이 공주의 아름다움을 가려 버리듯이 어두운 그림자가 그녀 앞에 짙게 드리워졌다.

"저는 늘 살 자격이 없다고 생각해 왔어요."

상담 치료를 받던 중 B는 이렇게 말했다.

그녀는 스스로를 마비시키기 위해 수없이 자살을 시도했다. 술, 약물, 마약, 폭식 등 괴로움을 잊기 위해 모든 수단을 동원했지만 내적 혼란을 잠재울 수는 없었다. 결혼이라도 해서 의지할 곳과 안정을 찾으려 했지만 그것 역시 헛된 시도였다.

또 다른 여성 환자의 사례를 보면 어떻게 어린 시절의 기억을 떠올려 퍼즐 조각처럼 그림을 완성하는지 알 수 있다.

처음에 Z는 자신이 어린 시절에 겪었던 일을 도저히 믿을 수 없었다. Z는 서너 살 때 아버지로부터 성폭력을 당했다고 기억한다. 예를 들어 그녀는 아버지의 정액을 삼켜야만 했고 그걸 떠올릴 때마다 속이 울렁거렸다. 그녀의 인격은 이미 일찍부터 유린당했고 파괴되었다. 그녀의 어린 시절은 여러 가지 질병, 그리고 어머니와의 힘든 관계로 기억되었다. 어머니는 자주 통제력을 잃고 딸에게 분노를 터뜨렸다. 단적인 예로, 어느 날 어머니는 분노에 휩싸여 어린 딸의 손을 뜨거운 전기레인지 열선에 올려놓고는 "아이가 멍청한 실수를 했다"고 주장했다. 가족이라고 할 수 없을 만큼 관계가 파괴되었지만 다른 사람들 앞에서는 언제나 화목한 것처럼 연기했다. 치료를 받던 중 Z가 얼마간 같이 살았던 이모에게도 성폭력을 당했던 사실을 알게 되었다. 그 후 그녀는 레즈비언이 아님에도 이모와 비슷한 여성에게서 성적 매력을 느꼈다.

이 사례에서도 문제의 뿌리가 가족에 있고, 아버지와의 관계뿐 아니라 어머니와의 관계 역시 완전히 파괴되었다는 것이 명확히 드러난다.

실제로 친족 성폭력은 가족 전체가 병들었다는 표시라고 할 수 있다. 여러 가족 구성원이 직접적 또는 간접적으로 성폭력에 동참하고, 소위 '사회 유전'이 발생한다. 즉 문제가 다음 세대로 대물림되는 것이다. 성폭력을 당한 사람 중에는 자신의 몸을 학대하고 다른 사람의 몸과 마음까지 학대하는 경우가 있다. 그러다 보면 성폭력 피해 생존자들은 자신의 아이들까지도 학대하거나 성폭력으로부터 아이들을 보호하지 못하게 되기도 한다.

반대로 생각한다면 어머니와 아이의 애착 관계가 바르게 형성되면 친족 성폭력이 일어날 확률은 거의 없다고 볼 수 있다. 환자들의 많은 사례들을 종합해 본다면, 어머니와 아이의 애착 관계가 파괴되었을 때 문제가 발생한다. 결국 어린 시절 이런 결핍의 경험이 성폭력의 토양을 만든다고 할 수 있다.

중독자 아버지

딸에게 성폭력을 가한 아버지들의 특징을 조사해 보면, 그들은 대체로 나약한 사람임에도 불구하고 가족 안에서만큼은 강한 사람으로 군림하고자 한다.

중독자 아버지는 (중독이 성폭력의 배경인 경우가 많다) 흔히 양극단의 모습을 보인다. 한편으로는 엄하고 포악하고 배려심이 없고 예측이 전혀 안 되는 반면, 다른 한편으로는 나약하고 무능하지만 이따금씩 자상하고 인자하고 다정하다. 아버지가 어떤 상황에 있는지에 따라 딸은 애지중지 귀하게 대우받거나 가차없이 무시되고 폭력적인 벌을 받기도 한다. 이런 아버지에게 딸은 침범할 수 없는 고유한 인격을 가진 존재가 아니다.

술에 취해 자신을 과시하고 오만한 태도로 자신의 열등감을 보상받으려 드는 것이 중독 환자들의 전형적인 특징이다. 그들의 아내는 중독자 남편에게 더는 매력을 느끼지 못한다. 그러나 어린 딸은 아버지가 포장한 이상적인 아버지상을 있는 그대로 순수하게 믿어 버린다. 그러면 중독자 아버지는 자신이 어느 정도 영향을 미칠 수 있는 유일한 존재인 딸과 동맹 관계를 맺는다. 오직 딸만이 아버지를 위로하고 진정시키며 술집에서 집으로 돌아오게 한다.

「털북숭이 공주」에서 왕은 자신이 아내로 맞을 수 있는 여자는 딸뿐이라는 태도를 확실히 한다. 현실 세계에서도 이와 비슷하다. 중독자 남편은 아내에게 크게 실망하고 아내를 적대시하고 모든 잘못을 아내에게 돌리며, 자신과의 잠자리를 거부했다는 이유로 아내를 못되고 이기적인 사람으로 몰아간다. 그러나 딸만큼은 착한 천사라며 끔찍이 위한다. 당연히 아버지가 갖고 있는 딸의 표상은 완전히 왜곡된 것이다. 아버지는 딸을 있는 그대로 인식하지 않는다. 둘의 관계는 완전히 가짜다. 그러나 두 사람은 이것을 인식하지 못한다. 딸은 아버지와의 밀착된 동맹 관계를 좋아한다. 딸은 아버지에게 응석을 부리고, 아버지가 자신을 떠받드는 것에 동참하며, 그것을 통해 자신의 가치가 높아진다고 느낀다.

이것만으로도 이미 폭력이고 학대다. 딸들은 점점 감정이 성숙해 갈수록 아버지와의 이런 밀착된 관계를 감당하기 어려운 스트레스로 느끼기 때문이다. 자신의 욕구를 채우기 위해 딸을 조종하는 아버지의 태도는 명백한 폭력이다. 아버지가 딸을 치켜세우고 공주처럼 떠받드는 것은 오로지 자신의 내적 절망감을 위로해 줄 사람이 필요하기 때문이다. 그가 같은 편이라고 느낄 수 있는 사람은 오로지 딸뿐이다. 그에게 딸을 제외한 모든 사람은 자신을 무시하거나 신경도 쓰지 않는 나쁜 사람이다. 그러니 그는 누구도 신뢰할 수가 없다.

딸은 아버지를 철석같이 믿는다. 아버지는 자신을 사랑하고 오로지 자신에게 좋은 일만 할 거라고 생각한다. 또한 아버지와의 이런 밀착된 관계가 정상이라고 생각한다. 특히 자기가 아버지에게 꼭 필요한 존재라고 믿으며 인정받는 듯한 기분을 느낀다. 이것으로 딸은 특정한 형태의 자존감을 발달시킨다. 그리고 특정한 방식으로 아버지를 지배할 수 있다고 느낀다. 이런 감정을 느끼는 것은 모든 아이들의 소망이기도 하다.

앞에서도 언급했듯이 성폭력의 최전방에는 비현실적으로 왜곡되고 망가진 부녀 관계가 있다. 과도하게 밀착된 아버지와 딸의 관계가 어떤 결과를 초래하는지 다음의 사례가 잘 보여 준다.

가족이 보기에 N은 확실히 아버지를 잘 따르는 딸이었다. 알코올 의존자인 아버지의 관심은 자신의 욕구와 딸뿐이었다. 아버지는 딸이 원한다면 뭐든지 허락했다. 술 때문에 부부가 싸우기 시작하면 어린 딸은 즉시 끼어들어 아버지 편을 들었다. 남편을 대신해 가족을 부양해야 했던 어머니는 시간이 흐를수록 점점 더 냉정하고 엄격해졌다. 어머니는 딸에게도 엄격했는데, 딸의 응석을 다 받아 주고 뭐든 다 허락하는 남편의 교육 방식에 맞서 그렇게라도 균형을 맞추고자 했던 것이다. 그러나 이것은 단지 딸의 격렬한 반항과 모녀 간의 끝 모를 힘겨루기만 초래할 뿐이었다. 어머니와 충돌이 생길 때마다 딸은 아버지에게 일렀고 그렇게 함으로써 보호와 지지를 느꼈다. 아버지는 어머니를 미워했고 딸과 동맹을 맺어 공동의 적인 어머니에 맞섰기 때문이다.

N이 아홉 살 때 처음으로 성폭력이 있었다. 그녀는 성폭력 사실을 전형적으로 부정해 왔다. 어린 N에게 아버지는 어머니보다 훨씬 더 중요하고 필요한 존재였다. 그런 아버지가 그녀를

깊은 죄책감과 수치심 속으로 밀어 넣은 것이다. 아버지에게 전적으로 의존해 왔던 그녀는 감히 아버지의 성폭력에 저항하거나 그것을 폭로할 수 없었다.

이 사례에서도 명확히 드러나듯이 과도하게 밀착된 부녀 관계는 결코 진정한 사랑이 아니다. 모든 부모는 그들이 자식에게 갖는 사랑과 이런 관계의 차이를 아는 것이 중요하다. 자식을 진정으로 사랑하는 부모는 자신의 욕구와 상관없이 아이에게 무조건적인 애정과 사랑을 준다. 그러나 부모가 자신의 애정 욕구에 자식을 이용하는 순간, (정서적) 학대가 시작된다. 물론 이것은 부모가 자식의 사랑을 기대하면 안 된다거나 그것을 누리고자 하면 안 된다는 뜻은 결코 아니다. 오직 자식만이 채울 수 있는 갈망과 욕구가 얼마나 큰지가 결정적인 척도다. 중독 질환을 앓는 아버지나 어머니는 특이한 방식으로 자식에게 의존한다. 이것은 결국 아이에게 '공동 의존Codependency*'을 불러오고, 이것은 아이의 성격 장애로 이어진다.

그러나 알코올 의존자 아버지와 딸의 관계는 완전히 다른 양상을 보일 수 있다. 중독자 아버지가 가족 모두에게 폭군이 되는 경우가 드물지 않은데, 이때 특히 잔인한 폭력이 예상된다. 가족들은 모두 아버지가 지나치게 술을 마시는 걸 싫어하기 때문에 학대와

---

* 중독이나 중독된 가족 구성원으로 인한 감정적 고통과 스트레스로부터 중독자의 가족이 적응하기 위해 하는 행동.

위협, 잔인한 폭력이 중독자 아버지의 유일한 무기가 된다.

그는 식구들 모두가 자신을 멀리하고 점점 더 증오한다는 걸 느낀다. 위협적인 지배나 공포를 조장하는 것이 그의 고정된 역할이 된다. 그는 자신의 권력을 과시하기 위해 신체적 폭력을 행사하고 무차별적으로 막대한 위협을 가하며 잠자리를 강요한다. 1차 공격의의 대상은 아내지만 어머니를 보호하려는 자식들도 공격의 대상이 된다. 특히 딸이 그 피해자가 될 위험이 높다. 이것은 기본적으로 헛된 권력 과시에 불과한데, 중독자 스스로도 자신이 이미 오래전에 가족들의 애정을 잃었다는 걸 알기 때문이다.

이런 환경에서 딸이 겪어야 하는 성폭력은 특히 비극적이다. 성폭력은 언제나 막대한 잔인성이 동반되고, 공포와 두려움, 혐오감을 일으키며, 피해자가 살해 위협을 당하는 경우도 많기 때문이다.

파괴적인 성

인간의 성은 아주 예민한 영역이어서 그로 인해 장애를 겪기도 쉽다. 여러 사례에서 이미 설명했듯이, 거의 모든 성폭력 피해 생존자들이 심각한 성적 장애를 갖고 있다.

저는 어떤 남자건 가리지 않고 그들과 자려고 애써요. 그들을 지배할 수 있다는 생각에 기분이 좋지만 이내 금세 허무해지고 불쾌해져요. 사실 저는 성적 쾌락을 느낄 수가 없어요.

한 성폭력 피해 생존자의 이런 고백을 통해 성이 어떻게 복수심에 이용되는지, 어떻게 자신을 파괴하는지 명확히 드러난다. 또한 반복 강박도 엿볼 수 있다.

관계가 가까워지고 신뢰와 애정이 자랐을 때 비로소 성적 장애가 나타나기도 한다. 애정과 애착, 보호를 기대했던 사람에게 당한 성폭력은 그것들에 대한 두려움을 만든다. 이른바 '플래시백'처럼 두렵고 수치스럽고 혐오스러운 과거의 장면들이 그때의 감정과 합쳐져 피해자에게 습격하듯 떠올라 성적 쾌락을 느끼지 못하도록 만든다. 이런 예측 불가의 습격이 오르가슴 장애를 일으키고 더 나아가 모든 성적 욕구에 방해가 된다.

성적 판타지에도 장애가 생긴다. 비극적 사건에 대해 입을 열 용기가 생겼을 때 성폭력 피해 생존자들은 이렇게 말한다.

"성폭력 장면을 묘사할 때 한편으로는 혐오감이 들지만 다른 한편으로는 성적 흥분을 느끼기도 해요."

사디즘과 마조히즘의 몽상에 빠져 분별력을 잃는 사람들도 있다. 그들은 사디즘과 마조히즘의 판타지가 깃든 강박적인 자위행위 때문에 자신을 사악하고 타락한 사람으로 여기고, 그로 인해 성폭력이 그들 탓이라는 다른 사람들의 말이 옳다고 생각한다.

이들에게는 우선 이런 장애가 오로지 성폭력의 결과이고 다른 피해자들도 똑같이 반응한다는 사실을 이해시키는 것이 중요하다.

성폭력 피해 생존자들은 일상의 다른 영역에서는 아무 문제 없더라도 성적인 영역에서는 여전히 장애를 겪는 경우가 많다. 동화에서는 온갖 짐승의 가죽으로 만든 망토를 입은 모습이 이러한 사실을 그대로 반영한다.

잠재적 근친 강간

실제로 삽입이 이루어지는 강간만이 피해자의 인생을 망가뜨리는 것은 아니다. 부모 자식 관계가 성적 관계로 변질되는 것 역시 언제나 비극적 결과를 낳는다.

K는 혼외 자식으로 태어났다. 어머니에게 K는 원치 않는 아이였다. 어머니는 아이가 자신의 인생에 방해가 된다고 생각했고, 아이를 낳자마자 친정으로 보냈다. K가 세 살 때 어머니는 부유한 남자를 만나 결혼했고, K도 데려와 함께 살기 시작했다. K는 어머니가 입에 달고 살던 말을 생생히 기억한다.
"우리를 받아 준 이 남자에게 감사해야 해!"
결국 어머니와 딸은 오로지 이 부유한 남자의 욕구를 채우는 데만 관심을 쏟았다.
K는 계부 때문에 어릴 때부터 수치심에 시달려야 했다. 계부가 틈만 나면 K의 나체를 보려 했기 때문이다. 그녀가 목욕을 하

거나 화장실에 있으면 계부가 불쑥 들어와 자신을 빤히 쳐다보곤 했다. 나이가 더 들어서야 그녀는 욕실 문을 잠글 수 있었다. 그러자 계부는 그녀가 목욕을 하거나 화장실을 쓸 때마다 열쇠 구멍으로 훔쳐보기 시작했다. 심지어 계부는 종종 그녀의 가슴을 만지며 몸매를 칭찬하기도 했다. 계부의 스킨십에는 성적인 의도가 있는 것이 분명했다.

그녀가 청소년기에 접어들었을 때 놀라운 사실을 알게 되었다. 자기가 욕실에 있을 때마다 어머니 역시 늘 열쇠 구멍으로 자신을 훔쳐본 것이다. 현장에서 바로 목격해 추궁하자 더 이상 부정할 수 없었던 어머니는 이렇게 둘러댔다.

"네가 혹시 이상한 짓을 하지는 않을까 확인하려 했던 것뿐이야."

K는 어머니가 핑계를 대고 있다는 것을 알았다. 어머니 역시 계부처럼 자신의 관음 욕구를 채웠던 것이다.

그녀가 아이일 때도 청소년일 때도 진정한 부모 자식 관계는 없었다. 그녀는 부모에게 성적 욕망의 대상이었을 뿐이다. 게다가 외출할 때는 늘 예쁜 옷을 입어 다른 사람들에게는 부모가 자식을 잘 챙겨 준다는 인상을 주어야 했다. 성인이 되자 그녀는 자신의 여성적 매력을 극대화할 수 있도록 꾸미고 다녔고, 치료 과정에서도 내내 자신의 외모를 강조했다.

K는 좋은 성적을 받기 위해 학교에서 열심히 공부했다. 그러나 아무리 좋은 성적을 받아도 부모의 관심을 얻지 못했고 대학

진학의 꿈도 무시당했다. 그녀는 청소년기에 이미 술을 마시기 시작했다. 술은 그녀의 위태로운 영혼을 달래 주는 유일한 친구였다. 그녀는 술을 점점 더 많이 마셨고 결국 스스로 절제할 수 없는 지경에 이르렀다.

그러다 직장에 들어간 K는 성공하기 위해 굳은 결심을 하고 한 달 동안 술을 끊었다. 높은 목표를 정해 놓고 그것에만 몰두함으로써 내면의 불안을 잊을 수 있었다. 야근을 밥 먹듯 하면서 노력한 끝에 중견 기업의 꽤 높은 자리에까지 올랐다. 일에 전념하기 위해 술은 주말에만 마셨다.

그녀는 사회생활에서도 어린 시절에 겪은 패턴이 반복되고 있다는 걸 알아차리지 못했다. 딸을 하나의 독립된 인격으로 존중하지 않았던 부모의 착취가 이제 다른 무대에서 다른 배우들과 반복되고 있었다.

회사가 과도한 업무를 요구한 것인지 그녀가 자발적으로 한 것인지는 중요하지 않았다. 문제는 그녀가 그러한 착취에 온전히 순응했다는 것이다. 이성 관계에서도 착취의 흔적이 있었다. 남자들은 오로지 그녀의 육체만 탐했고, 그녀는 이러한 사실에 마음 아파하면서도 그들과의 덧없는 관계를 이어 나갔다. 이런 관계가 끝나면 또다시 술을 찾았다.

시간이 흘러 그녀는 나이 많은 사장의 비서로 일자리를 옮겼다. 사장은 아버지처럼 자상했고 그녀가 갈망해 오던 부모의 애정을 느끼게 해 주었다. 그녀는 사장을 통해 아버지의 빈자리를 채웠다. 지나치게 순종적으로 사장을 사랑했고 사장이 뭘 원하는지 파악하려 노력했다. 그녀는 이 시기를 인생에서 가장 편안하고 행복했던 때라고 말하지만 좀 더 면밀히 보면 이때도 그녀는 사장에게 종속되어 살았다. 그녀는 스스로의 삶을 살지 않고 모든 걸 의존하며 살았던 것이다. 사장이 죽었을 때 그녀는 극심한 고통을 호소하면서도 그것을 잊기 위해 또다시 술에 의지할 수밖에 없었다. 그의 죽음으로 인한 공허함을 도저히 견딜 수 없었다. 그의 가족들에게 들킬까 두려워 그녀는 몰래 사장의 묘지를 찾곤 했다.

그녀는 또다시 아무런 교감도 없는 짧은 관계를 지속해 나갔고, 그러다 임신을 했다. 아이는 낳고 싶었지만 아이 아빠와 결혼을 하고 싶지는 않았다. 딸을 낳은 그녀는 아이를 어머니에게 맡겼는데, 놀랍게도 어머니는 손녀딸을 애지중지하며 예뻐했다. 그녀가 그토록 바랐던 애정을 손녀딸에게 쏟는 어머니를 보자 K는 딸에게 격렬한 질투를 느꼈고 동시에 그런 자신을 도저히 용서할 수가 없었다.

이 이야기에서 알 수 있듯이 성폭력은 겉으로 드러나지 않는 교묘한 방식으로도 일어날 수 있다. 직접적인 성폭력이 아니더라도 성적 왜곡이 정신 건강에 끼치는 해는 강간만큼 막대할 수 있다. K가 축복 속에 태어나지 않았다는 사실은 성격 장애의 원인 중 하나였다. 관음증이 있는 부모의 교묘한 성폭력은 문제를 더욱 악화시켰다. 그 결과는 유부남과의 내연 관계에서, 외모로 성적 매력을 강조하려는 욕구에서, 일 중독에서 드러난다.

아버지처럼 자상한 사장과 관계를 맺으려는 것에서도 명확히 드러나듯 K에게는 안정적이고 독립적인 정체성이 결여되었다. 이런 사람은 언제나 다른 사람을 통해 자신의 자존감을 채우려 든다. K는 늘 속으로 걱정스럽게 물었을 것이다.

'당신이 보기에 오늘 나 어때요?'

'당신 마음에 들도록 나 잘하고 있나요? 혹시 마음에 안 드는 게 있어요? 나한테 불만은 없나요?'

K는 안정감을 주고 기댈 곳이 되어주는 주변 사람에게 의존했다. 이것은 그녀가 똑똑하지 못해서가 아니라 딸의 자립을 허용할 수 없었던 부모와의 불안정한 관계 때문이다. K는 본인의 의지를 발달시키는 데 필요한 부모의 인정과 지지, 애정을 받지 못했고 부모의 요구에 절대적으로 순응할 때만 존재 가치를 인정받았다.

K는 자신이 태어남으로 인해 많은 것을 포기해야만 했던 어머니의 불행을 일찍부터 지켜봐야 했다. 그로 인해 K에게는 무거운 죄책감이 생겼다. 이것은 그림자처럼 늘 그녀를 따라다녔고 지배적 감정이 되었다. 그녀의 죄책감은 부모의 기대를 완벽하게 채웠을 때만 잠시 가벼워졌다. 이런 상황에서는 결코 독립된 '자아'가 발달할 수 없다.

발달 장애의 결과가 모든 관계에 영향을 미쳤다. K는 상대가 자신에게 만족하는지 늘 살펴야 했다. 치료 공동체에서도 K는 다른 참가자들의 기대에 부응하려 애썼다. 당연히 모든 사람의 마음에 드는 것은 불가능한 일이다.

딸을 통해 관음 욕구를 채웠던 부모의 성적 학대는 화상 자국처럼 K의 인생에 깊게 새겨졌다. 그녀는 계속해서 다른 사람을 자극했다. 노출이 많은 자극적인 옷을 입었지만 막상 남자들이 음탕한 말을 던지거나 노골적으로 쳐다보면 화가 났다. K에게는 피해자로서의 비극을 계속 되풀이해야 하는 반복 강박이 있었다. 이런 강박은 심리 치료를 통해 마음을 충분히 치유하지 않는 한 계속된다.

반복 강박은 마음 깊은 곳에 자리한 치유되지 않은 문제와 고통, 트라우마가 살려달라고 외치는 절규와도 같다. 모든 인간은 갈등이 해소된 평화로운 상태를 갈망한다. 이것이 이루어지지 않으면, 갈등 상황에서 아픔을 직접적으로 표현하지 못해 (늘 이것이 문제다) 슬픔을 드러내지 못한다. 그래서 위안을 얻지 못하면 무의식은 비극을 계속해서 표현하는 길을 선택한다. 그러나 반복되는 고통과 아픔은 내면 깊은 곳에 자리한 문제를 살펴 달라는 '요청'으로 받아들여지지 않는다. 결국 악순환이 계속된다. 그래서 K는 계속해서 피상적인 관계를 맺고 그것 때문에 점점 더 공허해지고 열등감을 느끼는 것이다. 그녀는 저항하고 싶었지만 그럴 때마다 자학적 행동을 부추기는 더 강력한 뭔가가 마음속 어딘가에 있다는 걸 느낄 수밖에 없었다.

K에게 관계란 자신을 완전히 지워 버리고 상대에게 종속되는 것이었다. 그러나 이런 '자아 상실'은 큰 두려움을 불러일으켰기 때

문에 그녀는 진정한 관계를 맺고자 했던 모든 남자들을 거부했던 것이다.

희생자 콤플렉스

'희생자 콤플렉스'는 일생을 관통하는 자아상으로, 자신을 희생자로 여기고 영원히 희생자로 남는 태도를 말한다. 희생자 콤플렉스가 있는 사람들은 스스로는 전혀 인식하지 못한 채 습관처럼 희생자 역할을 맡는다. 그래서 그들은 처음 이런 진단을 받으면 말도 안 된다며 부정한다.

희생자 콤플렉스는 어린 시절의 트라우마, 즉 마음에 깊은 상처를 남기고 무엇보다 자존감을 위축시키는 사건, (강하게 표현해서) 영혼이 살해되는 사건에서 비롯된다. 성폭력은 말할 것도 없고 가정에서 벌어지는 정서적 학대 역시 건강한 자존감 발달을 가로막는 깊은 상처를 남긴다.

희생자 콤플렉스는 소위 틈을 메운다. 정상적으로 발달하고 형성되어야 할 안정적이고 건강한 정체성의 빈자리를 대신 채운다. 어린아이로서 견디기 힘든 삶의 고난을 버텨 내기 위해서는 이런 '대체 정체성'이 꼭 필요하다. 그것이 아이를 그나마 살게 한다. 이렇게 생존을 좌우할 만큼 아주 중요하기 때문에 희생자 콤플렉스는 아이의 인격에 각인되어 비록 위협이 사라졌더라도 평생 남아서 그 이후의 인생을 좌지우지한다. 이때부터 희생자 콤플렉스는 더 이상 도움이 안 될 뿐만 아니라 인격의 자유로운 실현을 마비시키고 방해한다.

아래의 좌측 그림은 '건강한' 인격을 형상화한 모습이다. 인간은 결코 완전할 수 없기 때문에 완벽하게 둥글지 않다. 누구에게나 삐죽삐죽 모난 구석이 있고, 이런저런 장애와 콤플렉스가 있기 마련이다. 그러나 희생자 콤플렉스가 있는 사람은 고유한 인격이 방해를 받아 제대로 발달하지 못하고, '대체 정체성'이 그 틈을 장기적으로 메우게 된다.

이런 사람들은 행복의 지속을 전혀 혹은 거의 누리지 못하고, 자신에게는 행복할 권리가 없다고 깊이 확신한다. 간혹 아주 힘들게 행복을 얻고 많은 에너지를 들여 잠시나마 행복을 누리는 경우도 있지만 얼마 못 가 다시 파괴하고 만다. 이들은 안정된 관계를 맺지 못하는데, 자기도 모르는 사이에 금세 서로에게 실망하게 될 파트너를 찾기 때문이다.

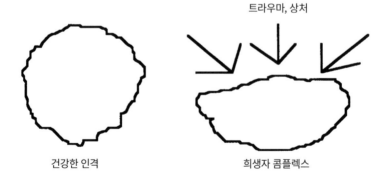

건강한 인격   희생자 콤플렉스

치료 과정에서 이것이 특히 명확하게 드러난다. 희생자 콤플렉스가 있는 몇몇 사람들은 치료를 받으면서 마침내 치유될 수 있는 새로운 가능성을 기대한다. 그들은 적극적으로 행동하며 희생자 콤플렉스에서 벗어나려 하고, 그래서 처음에는 그러한 문제가 전혀 없는 것처럼 보이기도 한다. 그러나 과거의 한 부분 혹은 일생을 돌아보면 불운이 늘 따라다닌 것처럼 보인다. 그들은 계속해서 이기적인 애인을 사귀고 가학적인 상사를 만나며 스스로를 힘겨운 상황에 몰아넣는다.

희생자 콤플렉스는 치료 과정에서 금세 드러난다. 수동적인 태도, 자기 연민, 불평과 불만 속에 그들의 의존성이 고스란히 드러난다. 그들은 자신의 무거운 짐을 덜어 주고 평생 이끌어 줄 강한 사람을 찾는다.

일상의 소소한 장면에서도 희생자 콤플렉스가 목격된다.

성폭력 피해 생존자 H는 입원 치료 중 의사에게 상담을 청했다. 그러나 그는 약속한 시간보다 한참 늦게 나타났고 결국 상담을 받을 수 없었다. 그는 상담을 해 주지 않은 의사에게 화가 난 나머지 치료고 뭐고 다 그만두기로 했다. 얼마 후 H는 자조 집단*에 들어갔고 상담 때 다룰 주제를 제안했다. 그러나 다른 참가자들도 저마다 자신이 궁금한 주제를 제안했기 때문

---

* 같은 문제나 욕구를 가진 사람들이 문제 해결과 정보 공유를 위해 만든 자발적 모임.

에 그가 신청한 주제는 뒤로 밀리게 되었다. 이에 대해 H는 또 화가 났지만 그렇다고 자기 주제를 우선순위에 두기 위해 특별한 노력을 하지는 않았다.

H는 전혀 인식하지 못했지만 희생자 콤플렉스가 그의 정체성으로 완전히 자리를 잡았다. 위의 사례를 보면 H가 상황을 개선하려 노력한 흔적이 있기는 하다. 의사에게 상담을 청했고 자조 집단에 들어가 다루고 싶은 주제를 제안했다. 그러나 그가 제안한 주제는 채택되지 않았다. 그의 입장에서 보면 의사도, 자조 집단의 치료사와 다른 참가자들도 그를 배려하지 않았다고 할 수 있다. 그러나 실상은 다르다. H의 요구가 받아들여지지 않은 것은 그가 약속 시간에 너무 늦게 나타난 데다가 자조 집단의 다른 참가자들도 배려를 해야 했기 때문이다. 그럼에도 불구하고 그는 이런 결과를 보면서 '역시 내 편은 한 명도 없어!' 하는 생각에 더욱 깊이 빠져들었다. 그는 무시당한 기분만 느꼈을 뿐 실패에 대한 자기의 책임은 인식하지 못했다. 자신의 상황을 돌아볼 때 그의 생각의 흐름은 대략 다음과 같다.

'언제나 나만 바보지. 늘 나만 재수가 없어. 다른 사람들은 저렇게 행복한데, 세상은 너무 불공평해. 내가 뭐라도 해 보려고 하면 상황은 더 안 좋아지기만 하고. 나한테는 아무 권리도 없어. 아무도 나를 좋아하지 않아. 살아서 뭐해. 좀 좋아진다 싶으면 금세 또 불행해지잖아……'

희생자 콤플렉스가 있는 사람들은 기본적으로 '삶은 고달픈 것'이라 확신한다. 그러나 더 자세히 살펴보면 그들은 자신의 고난을 오히려 더 편안하게 느낀다. 그들은 소위 희생자 운명을 타고 났기 때문에 굳이 상황을 바꾸려 노력할 필요가 없다고 생각한다. 불행의 책임은 언제나 타인에게 있기 때문에 그들에게는 늘 책임을 전가할 대상이 있고 그들에게서 행복을 앗아 가는 장본인(배우자, 부모, 상사 등)이 있다. 그렇게 그들은 자신에게 닥친 불운에 대해 해명한다. 이런 책임 전가는 그들 내면 깊은 곳에 (대부분 무의식적으로) 내재된, 씻을 수 없는 모욕감과 관련이 있다. 도움을 받아들이고 자기 회피와 자기 파괴에서 벗어나는 길을 찾는 것보다 희생자 콤플렉스에 머무는 것이 그들에게는 더 쉬워 보인다.

희생자 콤플렉스를 가진 사람들은 자신의 감정을 제대로 다루지 못한다. 특정 감정이 억눌리고 때때로 분노나 슬픔, 두려움, 기쁨을 표현하는 것을 힘들어한다. 원한이 영혼을 갉아먹지만 무엇에 대한 원한인지는 알 수가 없다. 그들은 쉽게 상처받고 자신을 방어할 줄 모른다. 그래서 종종 자기 자신에게 화를 낸다. 어쩌다 자기방어를 할 때는 과잉 방어를 해서 오히려 상대에게 자신을 공격할 여지를 준다. 그러다 보면 또다시 스스로 희생자가 된다.

희생자 콤플렉스를 가진 사람들 중에는 간혹 무언가를 열심히 해서 목표를 성취하는 사람들도 있다. 그러나 그들은 무의식적으로 자신의 성공을 다시 파괴해야 한다는 강박을 느끼고, 결국엔 실패자로 남는다.

앞에서 언급했듯이 희생자 콤플렉스를 가진 사람은 자신을 학대하고 착취하도록 파트너를 유도하며 그렇게 할 만한 지배적인 사람을 파트너로 고른다. 결정 능력이 없는 그들은 파트너에게 모든 결정권을 맡긴다. 또한 쉽게 죄책감에 빠지기 때문에 쉽게 세뇌되고 이용당한다. 그래서 희생자 콤플렉스가 있는 사람은 안정된 연애나 결혼 생활을 하기가 어렵다.

희생자 콤플렉스를 가진 사람에게는 오로지 지배와 복종, 양자택일이 있을 뿐이다. 그들은 종종 스스로 가해자가 되어 자신보다 약한 사람을 학대하면서 자신의 비극적 운명을 계속 전달한다.

어린 시절에 성폭력을 경험했거나 정서적 학대를 받은 사람들에게서 희생자 콤플렉스 증상이 나타나는 경우가 많다. 또한 중독 환자들에게서도 나타나는데, 중독과 성폭력에는 많은 관련성이 있다. 가장 명확한 유사성은 마음 깊은 곳에서는 구원과 치유를 기다리지만, 깊은 분노가 얼어붙은 듯 갇혀 있어서 변하기가 쉽지 않다는 것이다. 실제로 구원과 치유의 과정은 매우 힘겹고 두려운 일이기 때문에 그 과정에서 도망치거나 문제를 회피하기 쉽다.

중독 환자 L은 어린 시절과 결혼 생활 내내 순종을 강요받고 학대를 받았다. 입원 치료 연장을 제안받았을 때 L은 단칼에 거절했다. 치료 연장에 대한 이야기를 나누는 과정에서 L은 서로 상반되는 두 가지 반응을 보였다. 하나는 "결코 연장하지 않겠다"는 고집스러운 거절이었고, 다른 하나는 "만약 연장하게 된다면 하라는 대로 다 하겠다"는 순응이었다. L의 주장은 전혀 논리적이지 않았다. 그가 치료를 거절하는 진짜 이유는 고통스러운 감정과 대면하고 싶지 않은 데서 비롯되었기 때문이다.

희생자 콤플렉스를 가진 사람은 도움을 잘 받아들이지 못한다. 그들은 모든 걸 혼자 해내야 한다고 생각한다. 특히 희생자 콤플렉스에서 벗어나게 될 단계에서 그들은 나아가지 못하고 놀라 뒷걸음질 친다(동화를 분석해 보면 더 명확해진다). 위협이 느껴지고 죄책감이 들기 때문이다.

「털북숭이 공주」에는 희생자 콤플렉스를 묘사하는 다양한 비유가 등장한다. 온갖 짐승의 가죽으로 만든 망토, 검댕을 바른 얼굴, 계단 아래 벽장 생활, 혼자 도맡아서 하는 온갖 궂은일, 그리고 무엇보다 "부엌데기 말고는 아무 쓸모 없는 계집"이라는 공주의 말. 동화에서 (희생자 콤플렉스 아래에 감춰져 있는) 그녀의 진짜 정체성은 금발의 공주이자 사랑받아 마땅한 아이다. 그러나 현실에서는 희생자 콤플렉스로 똘똘 뭉쳐 있다.

희생자 콤플렉스가 있는 사람은 자신의 불행과 자아를 동일시한다. 자신의 진짜 정체성에 대해 전혀 모르기 때문에 희망을 갖지 못하고, 그래서 치유가 힘들어진다. 이때 동화가 특별한 방식으로 도움을 줄 수 있다.

희생자 콤플렉스에서 벗어나려면 자기 내면 깊은 곳에 고유한 인격이 살아 있다는 걸 아는 것이 중요하다. 감춰진 진짜 정체성을 발견할 때 비로소 자신의 상처로부터 해방될 수 있기 때문이다.

인간이 가진 강한 에너지 가운데 하나가 믿음이다. 긍정적인 믿음은 우리를 성장시키지만, 부정적인 믿음은 우리를 무기력하게 만들어 희생자 콤플렉스에서 벗어나기 위한 노력조차 하지 못하도록 만든다. 실패가 예견된 자의 반 타의 반의 노력은 오래된 믿음에 발목이 잡힌다. 그렇게 희생자 콤플렉스가 있는 사람들은 자신을 위한 구원은 어디에도 존재하지 않음을 다시 한 번 스스로 증명한다.

환자의 긍정적인 자아상이 힘을 얻고 우위를 점할 때 비로소 치유가 가능하다.

"굳게 믿으면 현실이 된다."

시대를 초월한 신비주의자와 현자들의 한결같은 이야기다.

동화는 긍정적인 자아상을 갖도록 하는 영혼의 안내자 역할을 할 수 있다. 그러나 안내를 받기 위해서는 다음의 질문에 먼저 답해야 한다.

'내 안에 고유한 존재가 아름답고 생생하게 살아 숨쉬고 있다는 긍정적 자아상을 회복하여 그 믿음을 현실로 만들려면 어떻게 해야 하는가?'

궁전 무도회

동화에서는 아주 오랜 세월이 흐른 뒤에, 주로 힘겨운 과정을 거친 후에야 비로소 구원이 찾아온다. 「털북숭이 공주」에서는 털북숭이 가 궁전 무도회에 참석하기로 결심하면서 중요한 전환점을 맞는다. 처음에는 공주가 구원을 원치 않는 것처럼 보이지만 한편으로 공주 는 구원받기 위해 많은 노력을 한다. 우리는 여기서 이 기이한 분열 을 목격할 수 있다. 털북숭이 공주는 급하게 검댕을 지우고 해와 같 은 금빛 드레스를 입고 잠깐이나마 춤을 추기 위해 무도회장으로 간다. 그러고는 춤이 끝나자마자 서둘러 벽장으로 돌아가 다시 부엌 데기가 된다.

어째서 공주는 자신의 정체를 밝히지 않았을까? 아무도 그녀 가 공주라는 것을 의심하지 않을 것이고, 아름다운 외모와 드레스,

1부 털북숭이 공주의 운명 : 가정에서의 성폭력

모든 것이 그녀의 정체를 증명해 줄 텐데 말이다. 그것은 그녀의 내면에 그녀를 억압하고 차마 왕자에게 다가가지 못하게 하는 저주 같은 굴레가 있기 때문이다.

털북숭이 공주의 기이한 행동은 그녀의 내면 상태를 비유적으로 나타낸다. 실제로 이 비유는 성폭력을 당한 여성 환자들의 심리 상태를 정확히 보여 준다. 그들은 만남과 연애, 애정에 대한 욕구가 크고 그런 욕구를 옷이나 행동으로 명확히 표현한다. 그러나 동시에 그들은 친밀감과 신체 접촉, 성관계에 대해 두려움을 느낀다. 이런 분열로 인해 친밀한 연인 관계는 크게 방해를 받거나 심지어 불가능해지기도 한다.

비극적 사건이 낳은 트라우마는 성에 대한 두려움이나 혐오감을 낳고 성적 쾌락을 누리지 못하게 한다. 트라우마가 치유되지 않았기 때문에 특정 상황에 처하면 당시의 신체 감각, 수치심, 혐오감, 두려움, 공포의 기억이 되살아난다. 어떤 성폭력 피해 생존자들은 술에 취했을 때만 섹스를 견디거나 누릴 수 있다. 친족 성폭력 피해 생존자이자 알코올 의존증 환자인 E는 이러한 상태에 대해 다음과 같이 설명했다.

저는 술을 마셔야만 남편과 잠자리를 할 수 있었어요. 술을 끊고 나서는 남편과 잠자리를 하려고 할 때마다 옛날 장면들이 떠올랐어요. 그때의 기억이 생생해지면서 아버지에게 다시 한 번 성폭력을 당하는 것처럼 충격과 혐오감에 휩싸여 옴짝달싹

할 수 없었어요.

알코올 의존증 치료를 받는 동안 그녀는 이렇게 말했다.

저는 늘 남편을 그리워했어요. 그렇지만 막상 남편을 만날 날
이 가까워지니 두려움이 커져요. 제가 잠자리를 거부하면 남편
이 얼마나 괴로워할지 잘 아니까요. 남편을 잃고 싶지 않고 그
가 원하는 대로 다 해 주고 싶은데 만약 그게 안 되면 저는 또
스스로를 얼마나 원망할까요? 이제 정말 어떻게 해야 할지 모
르겠어요…….

털북숭이 공주가 상반된 태도를 보이는 것은 그녀의 영혼이
상처를 입었기 때문이다. 이것은 무엇보다도 상대와 신뢰를 바탕으
로 하는 동등한 관계를 맺지 못하게 막는다. 왕자에게 다가가기 위
해 끊임없이 노력하지만 결국 도망치고 마는 공주라는 비유는 성폭
력 피해 생존자들의 현실과 정확히 일치한다.

영혼 살해를 당한 사람들은 생존 전략을 마련해야만 했다. 짐
승의 가죽으로 만든 망토를 두르고, 고목 속에 몸을 숨기고, 계단
아래 벽장에 살면서 부엌데기 말고는 아무 쓸모도 없는 하녀로 살
아간다. 털북숭이 공주의 탈출은 성폭력 피해 생존자들이 겪는 고
난의 길과도 같다. 깊은 절망에 빠진 공주는 자신의 진짜 인격을 포
기하고 다른 인격(희생자 인격)을 받아들여야 했다. 이 과정이 곧 탈
출이다. 어른들의 압도적인 힘과 잔혹함에서 도망치는 것 말고 아이

들이 과연 뭘 할 수 있겠는가!

마음에 상처를 입은 이들에게서 희생자 인격은 쉽게 떨어져 나가지 않는다. 그들은 자신의 불행을 통해 일종의 안정감을 얻기 때문이다. 그러나 이것은 진정한 안정감이 아니라 본인 스스로를 계속 불행하게 만드는 것에 불과하다. 제3자가 보기에 이것은 납득하기 어려운 일이다. 어째서 불행을 자초할까? 어째서 자신을 해치고 스스로를 괴롭힐까? 동화의 비유를 해석해 보면 답을 얻을 수 있다.

털북숭이 공주의 치유 과정은 자신의 정체를 밝히려는 시도로 처음 시작된다. 공주는 마침내 굴욕적인 역할에서 벗어나 자신의 진짜 모습을 드러낼 용기를 낸다. 공주는 계단 아래 벽장으로 급히 가서 검댕을 지우고 해와 같은 금빛 드레스로 갈아입는다.

그녀가 무도회장에 들어서자 사람들은 그녀가 무도회에 초대된 공주일 거라 믿고 뒤로 물러나 길을 열어 준다. 그리고 왕자와 춤을 춘다. 독자들은 바로 이 순간부터 모든 문제가 저절로 해결될 거라고 기대할 것이다. 왕자가 공주의 미모에 감탄하며 마음속으로 '이렇게 아름다운 여인이 어디서 왔을까?' 생각했으니 이제 남은 건 행복한 결말뿐이다. 두 사람의 행복을 막을 게 뭐란 말인가!

이렇듯 모두가 행복을 기대하지만 왕자를 연인으로 받아들이지 못하는 것이 털북숭이 공주의 부정할 수 없는 내적 현실이다. 공주는 두려움에 떨며 왕자로부터 도망쳐야 했다. 구원이나 치유까지는 아직 먼 길이 남은 것이다. 그러나 공주는 일단 시작했고 그것만으로도 벌써 많은 것을 얻었다. '도전하는 자가 승리한다'라는 속담이 털북숭이 공주를 위한 구원의 모토다. 공주의 진짜 정체성을 죽이는 것이 바로 아무것도 시도하지 않는 태도이기 때문이다. 실제로 많은 성폭력 피해 생존자들이 비유적으로 표현하자면 '계단 아래 벽장'에 산다. 그들은 희생자 콤플렉스에 갇힌 채 출구를 찾지 못한다.

부엌데기 털북숭이의 입장에서 생각해 보면 그녀의 극단적 분열을 이해할 수 있다. 낮은 신분으로 화려한 드레스를 입고 왕자와 춤을 추기 위해서는 엄청난 용기가 필요하고, 큰 위험을 무릅써야 한다. 실제로 성폭력 피해 생존자들은 열등감에 빠져 있는 경우가 많다. 털북숭이 공주가 자신을 부엌데기 말고는 아무 쓸모가 없는 존재로 여기듯이 그들은 스스로를 하찮고 보잘것없고 망가진 존재라고 여긴다. 그리고 자신이 그런 존재라는 것을 다른 사람이 알아차릴까 걱정한다.

동화에서 요리사는 털북숭이가 부엌데기로서 맡은 일을 제대로 하는지 감시한다. 성폭력 피해 생존자들의 내면에는 요리사와 같은 감시자가 있다. 이 감시자는 어느덧 자아의 일부가 되고 나중에는 진짜 인격보다 더 강한 영향력을 가진다. 요리사는 희생자 콤플렉스의 오른팔이자 왕자의 대적자다. 요리사는 털북숭이가 온갖 궂은일을 도맡아 하기를 바라고, 왕자는 공주가 자신의 진짜 아름다움을 드러내길 바란다. 오랜 세월 요리사가 승리한다. 즉 털북숭이 공주는 두려움에 굴복하여 계속해서 부엌데기로 돌아간다.

털북숭이는 왕자의 청을 들어주지 않는다. 왕자를 괴롭히기 위해서가 아니라 아직 누군가와 안정된 관계를 맺을 마음의 준비가 되지 않았기 때문이다. 성폭력 피해 여성들 중에는 일부러 남자들의 성욕을 자극한 뒤 무시하는 경우도 많다. 그런 식으로 남자들에게 복수하는 것이다. 그러나 그들이 자신의 성폭력 트라우마를 충분히 치유하고 극복하지 않는다면 성숙한 연애나 결혼 생활도 결코 할 수 없다. 치료를 통해 성폭력 트라우마를 꽤 많이 극복한 M은 자신이 예전에 보였던 태도에 대해 이렇게 설명했다.

> 저는 아주 짧은 미니스커트를 입었어요. 가슴이 강조되도록 몸에 꼭 끼는 티셔츠를 입고 여성적인 매력을 과시했죠. 그리고 저는 하루에도 몇 번씩 옷을 갈아입었어요. 한편으로는 저의 이런 태도를 끔찍하게 싫어하는 부모님에 대한 반항이었고, 다른 한편으로는 남자들의 욕망을 자극해 그들을 괴롭히거나 굴복시키기 위한 수단이었죠. 이제는 알아요. 그동안 제가 그런 식으로 아버지의 성폭력에 대해 복수를 해 왔다는 걸요.

M은 자신의 잘못된 태도가 어디서부터 비롯되었는지를 깨달았고, 그런 태도로 얼마나 많은 남자들에게 상처를 주었는지 반성하기 시작했다. 또한 유혹하는 태도와 자극적인 옷차림도 그만두었다. 처음에 그녀는 몹시 불안해했다. 남자들과 그저 일상적인 대화를 나눌 때조차, 무의식적으로 예전의 복수욕을 좇고 있지는 않은

지 의심이 들었기 때문이다.

M은 끊임없이 자신을 의심하고 성찰했다. 그리고 자신이 남자들에게 무례하고 불친절하며, 더 나아가 그들을 무시하고 있다는 사실을 깨달았다. 남자들과의 만남 자체를 회피하는 경우도 잦았다. 다행히 M은 이런 자신의 불안감을 치료 모임에서 터놓고 이야기했고, 서서히 치유되어 갔다.

사례에서도 드러나듯이 처음에는 불안하고 혼란스러울 수밖에 없다. M은 자신의 지각 능력을 믿을 수 없었기 때문에 옆에서 방향을 알려주고 독려해 줄 사람이 필요했다. 성폭력 트라우마를 혼자 극복하려는 시도는 실패로 끝날 확률이 매우 높다. M이 자신의 복수에 더 이상 남자들을 악용하지 않기 위해 필요했던 전제 조건에 대해서는 동화 분석 말미에서 보다 자세히 살펴보기로 하자.

심리적 메커니즘에 따르면 성폭력이 일으키는 극심한 고통 에너지는 쉽게 사라지지 않는다. M의 사례에서는 이런 에너지가 모든 남자들에게 향했고 그들이 아버지를 대신해 벌을 받아야 했다. 그들은 전혀 잘못한 게 없지만 M은 그들에게 복수함으로써 짧게나마 안도감을 느꼈다. 안도감이 오래가지 못했음에도 불구하고 다른 사람을 괴롭혀 마음의 위안을 얻으려는 시도는 계속되었다.

M은 마음 깊은 곳에서 들끓고 있는 분노를 표출하기 위해 남자들을 이용하고 있다는 걸 스스로도 너무 잘 알고 있었다. 치료를 받으면서 M은 자신의 이런 태도를 중독 혹은 똑같은 행동을 반복하려는 강박으로 설명했다. 그러나 이런 중독이나 강박은 M의 죄책

감과 스스로에 대한 의심을 계속 키울 뿐이었고, 수치심과 열등감을 심화시켰다. 결국 그녀는 폭력적인 남자들과 사귐으로써 공격의 칼끝을 자기 자신에게로 돌렸다.

성매매를 하는 여성들의 대부분은 어린 시절에 성폭력을 당한 경험이 있다고 한다. 그들은 종종 성매매를 남자를 지배하는 권력으로 이해하기도 한다. 과거의 성폭력 피해 여성이 이제는 가격 결정권자가 되고, 기본적으로 남자들을 멸시하며, 그들의 성욕을 이용해 상대를 제멋대로 조종하려 든다. 그러나 이런 식의 복수는 '영혼의 황폐'라는 큰 대가를 치르게 한다.

친족 성폭력을 연구했던 정신 분석학자 마티아스 히르슈Mathias Hirsch는 성매매와 성폭력의 밀접한 연관성을 지적한다. 그는 이러한 연관성이 드러나는 한 성매매 여성의 일생을 사례로 소개했는데, 그에 따르면 둘 사이의 연관성을 알게 된 이후 이 여성은 더 이상 성매매를 지속할 수 없었다고 한다.

동화의 비유에 따르면 치유는 혼란으로 시작된다. 설령 첫 시도가 실패하더라도 그것은 변화를 요구하는 내적 에너지라는 매우 중요한 원동력으로 이해되어야 한다. 앞에서 언급했듯이 성폭력 피해 생존자들은 두려움과 불안감에 시달린다. 이것은 마음속 깊은 상처, 즉 정신적 트라우마가 치유와 구원을 기다리고 있다는 증거다.

지금까지 파괴적으로만 이용되었던 에너지를 치유에 도움이 되는 긍정적 에너지로 이용할 수 있다. 공주가 도망칠 때 가져갔던 황금 반지, 황금 물레, 황금 실패가 바로 이것을 상징한다. 세 물건은 치유 과정에서 중요한 의미를 갖기 때문에 이것이 무엇을 상징하는지 자세히 분석해 볼 필요가 있다.

치유의 도구 :
황금 반지, 황금 물레, 황금 실패

결혼반지는 부부가 서로에게 속해 있다는 걸 의미하는 상징물이다. 공주가 부모의 집에서 가지고 나와 숨겨 두었던 '황금 반지'는 공주의 내면 깊은 곳에 안정된 관계를 맺을 능력이 잠재해 있다는 것을 상징한다. 이 능력은 꼭꼭 숨겨진 채 현실의 관계에서 발현되지 않는다. 동화에서는 이것을 털북숭이 공주가 무도회장에서 만난 왕자에게서 계속 달아나 짐승의 가죽으로 만든 망토를 입는 것으로 표현한다.

안정적인 연인 관계나 부부 관계를 유지하려면 무엇보다 성숙한 자아와 자립성, 그리고 자기 결정력이 있어야 한다. 어린 시절의 트라우마를 극복하지 못한 사람은 배우자를 선택하거나 결혼 생활을 해 나가는 데 있어서도 부모와의 문제를 끌고 간다. 이들은 배우자를 선택할 때 반복 강박이라는 무자비한 심리적 메커니즘을 따르기 때문에 부모와의 문제를 반복할 만한 배우자를 선택한다. 물론 문제를 해결하고 마침내 마음의 안정을 찾고자 하는 무의식적 소망도 함께 가져간다. 그러나 배우자 역시 똑같은 장애를 가지고 있기 때문에 문제는 해결되지 않는다. 결국 부부가 각자의 비극을 반복하는 데 무의식적으로 서로에게 영향을 미친다. 이런 악순환에서 벗어나려면 어떻게 해야 할까?

또한 '반지'는 일치와 온전함을 상징한다. 털북숭이 공주의 조각난 인격을 위해서는 진짜 정체성, 영혼의 아름다움, 결백을 되찾아야 한다. 황금 반지는 왕자와의 결혼을 의미하지만 동화는 비유로 말하므로 이것을 글자 그대로 해석해선 안 된다. 성폭력으로 인해 관계 맺는 능력에 깊은 상처를 입은 피해자의 내면이 먼저 열려야 한다. 다시 말해 자기 안에 있는 남성적 능력과 결합할 수 있어야 한다. 여기서 말하는 남성적 능력이란 우선 자존감이 발달하고 내적으로 만족스러운, 한마디로 안정되고 성숙한 인격을 말한다. 이런 능력이 갖춰졌을 때 사랑하고 사랑받을 수 있는 능력도 생긴다. 그러나 이것은 스스로 자신의 내적 고난을 알고 해결책을 찾으려 노력할 때만 얻을 수 있다.

'물레'는 농경 사회에서 가장 중요한 작업 도구 중 하나로 「백설공주」나 「룸펠슈틸츠헨」*같은 동화에도 자주 등장한다. 특히 여자

---

* 아버지의 허풍 때문에 위험에 처한 딸을 난쟁이가 도와준다는 내용의 그림 형제 동화.

들이 양털이나 솜 등을 실로 잣느라 물레 앞에서 많은 시간을 보낸다. 옷을 만들 수 있을 만큼 충분한 실을 잣기 위해서는 굉장한 인내심이 요구된다.

물레로 실을 잣는 과정을 자세히 살펴보자. 헝클어진 원료 더미가 물레를 거치면서 튼튼한 실이 되어 '실패'에 말끔하게 감긴다. 그러면 비로소 실을 이용해 옷감을 짤 수 있다.

동화의 비유적 언어를 해석하면 이렇다. 털북숭이 공주 같은 성폭력 피해 생존자들의 삶과 내면은 무질서하게 헝클어져 있고 혼돈에 싸여 있기 때문에, 헝클어진 원료 더미에서 튼튼한 실을 잣듯 치유를 통해 혼돈에서 벗어나게 해야 한다.

공주는 성에서 나올 때 '관계 맺는 능력(황금 반지)'뿐 아니라 '혼돈을 정돈하는 능력(황금 물레)'과 '내면의 비극에서 벗어나는 능력(황금 실패)'도 잘 챙겨 나왔다. 세 물건이 금으로 만들어졌다는 것은 그만큼 가치 있고 견고하다는 뜻이다. 달리 표현하면 성폭력 피해 생존자의 내면 깊은 곳에는 이런 능력이 존재하는데, 이것은 다른 사람뿐 아니라 자기 자신도 망가트릴 수 없다는 것을 의미한다.

동화는 우리의 영혼 깊은 곳을 건드리고, 심리적 과정을 정확히 묘사한다. 따라서 동화가 묘사하는 구원과 치유의 길 역시 진지하게 받아들일 필요가 있다. '반지' '물레' '실패'의 상징을 이해하고 모든 사람의 내면 깊은 곳에 그런 능력이 있다는 것을 믿을 때, 비로소 우리는 계단 아래 벽장에서 걸어 나올 수 있다.

성폭력 피해 생존자들은 치유되지 않은 자신의 문제를 모든 관계에 투사하려고 한다. 이때 정확한 인과 관계가 드러나지 않는 것이 특징이다. 그저 계속해서 스스로에게 상처를 주고, 희생자 콤 플렉스를 심화시키고, 자기애를 전혀 느끼지 못한다. 그리고 이 모 든 고통스러운 장애와 증상과 관계 문제가 성폭력에서 비롯된 결과 라는 걸 상상하지 못한다.

성폭력 피해 생존자들의 주요 문제이자 가장 큰 증상은 자신 을 죄 많고 더럽고 파렴치한 사람으로 여기는 것이다. 바로 이 지점 에서 물레로 실을 잣고 실패에 감아야 하는데, 그 첫걸음은 '털어놓 기'다. 물론 이 사실을 털어놓기 위해서는 성폭력을 인지하는지, 즉 기억하는지 아니면 모두 부정하여 아무것도 기억하지 못하는지 확 인하는 것이 중요하다.

성폭력 피해 인지하기

자신이 성폭력을 당했다는 사실을 부정해 왔던 여성 환자 E는 홀로트로픽 호흡을 하던 중에 공포와 통증 그리고 끝없는 황량함 과 함께 성폭력 피해를 입었던 당시 상황을 다시 떠올리게 되었다.

홀로트로픽 호흡 요법 중 E는 음부에 강한 통증을 느꼈다. 그 녀는 비명을 지르며 자기 몸을 거세게 때리기 시작했다. 얼마 후 그녀가 진정되자 울부짖던 소리는 조용한 흐느낌과 훌쩍임으로 바뀌었다. 호흡 요법 뒤에 이어진 상담에서 E는 거의 말을 잇지 못했다. 호흡 요법 중에 그녀는 여섯 살 때 아버지로부터 당했던 잔혹한 성폭력을 다시 떠올리게 된 것이다. 당시 그런 일이 있고 얼마 지나지 않아 아버지는 가족을 떠났고 다시는 연락이 닿지 않았다.

치유의 첫걸음인 털어놓기는, 성폭력 경험을 인지할 때 비로소 시작된다. 피해 생존자 중에서는 성폭력 경험을 기억하지만 그것을 믿지 않으려 하는 경우도 간혹 있다. 이들은 정말로 그런 사건이 있었는지 계속 의심하며 자신에게 묻는다.

앞에서도 설명했듯이 이렇게 된 이유는 상처 입은 피해자가 홀로 남겨졌고 의지할 만한 누구에게도 이해를 받지 못한 데 있다. 이들을 이해하지 못하고 홀로 남겨둔 무리에는 의사, 사회 복지사, 심리 치료사 같은 이 분야의 전문가들도 꽤 속해 있다. 또한 성폭력 사실을 믿으려 하지 않거나 대수롭지 않게 여기고 이 문제를 어떻게 다뤄야 할지 몰라 아무것도 하지 않았던 경찰과 법조인들 역시 속해 있다.

성폭력 피해 생존자가 자신의 경험과 기억을 의사나 심리 치료사에게 말하려면 큰 고통을 견뎌야 한다. 오래된 두려움(사람들이 내 말을 믿어줄까?)이나 수치심(이제 사람들이 나를 어떻게 생각할까?)이 다시 살아나기 때문이다.

나를 찾아오는 중독 환자들 중에는 이미 심리 상담을 여러 번

받았지만 자신의 성폭력 경험을 털어놓지 못했던 사람들도 적지 않다. 중독 환자 집단 상담에서 나는 「털북숭이 공주」를 읽어 주었다. 그때 예순다섯의 한 여성 환자가 내게 조용히 속삭였다.

"내일 모임 때 내가 겪은 성폭력에 대해 말하고 싶어요. 아버지가 내게 저지른 이후 내 인생을 송두리째 흔들어 놓았던 그 비극에 대해서요. 다른 사람들이 내 말을 믿어 줄까요?"

처음으로 성폭력 경험을 털어놓기로 결심한 환자의 용기가 치료에 전환점이 되었다. 그때까지 그녀는 늘 공격적이고 고집스럽게 치료를 거부해서 한걸음도 내딛지 못하고 있었다. 그래서 나는 치료를 그만둬야 하는 게 아닐까 생각하던 참이었다.

경험에 비춰봤을 때, 성폭력 피해 생존자를 위한 특별 모임에서 참가자들은 더 쉽게 마음을 열고 자기 얘기를 털어놓았다. 그들 사이에 연대감이 생겨났고 서로의 지각 능력을 믿어 주며 더는 진실을 감추지 않아도 된다고 독려했다. 피해 생존자들은 자신의 경험을 말하는 것만으로도 용기를 얻고 안도감을 느낀다.

일단 성폭력 경험을 인지하고 나면 사람들은 물레에서 실을 뽑아내기라도 하듯 비극적 사건을 털어놓기 시작한다. 그러나 많은 성폭력 피해 생존자들이 겪는 엄청난 고통의 과정에서 알 수 있듯이, 성폭력 경험을 인지하고 말로 표현하는 것은 중요한 첫걸음을 떼는 것일 뿐, 수많은 문제들을 완전히 해결하기 위해서는 아직 더 많은 과정을 거쳐야 한다. 병원이나 자조 집단에서 만난 피해자들 중에는 성폭력을 인지하고 표현하는 것으로 치유가 완성되었다고 착각하는 경우도 많았다. 그러나 진짜 치유는 그때부터 시작이다.

털북숭이 공주처럼 살아야 했던 사람들에게는 쉽게 떼어낼 수 없는 고착된 태도가 있다. 오랜 세월 그들은 죄책감, 자기 멸시, 과잉 순종 등으로 이루어진 희생자 콤플렉스를 안고 살아왔다. 그 콤플렉스는 마치 피와 살처럼 그들의 일부가 되어 버렸다.

동화의 비유를 따르면, 치유를 위해서는 작은 변화가 아닌 극단적인 전환이 필요하다. 계단 아래 벽장에서 복종, 자기 멸시, 자기 부정으로 점철된 삶을 살았던 사람이 이 모든 것에서 완전히 빠져나와 본연의 아름다움을 되찾아야 한다. 동화의 비유를 진지하게 살피면, 우리는 진짜 구원을 위한 모든 것이 동화에 담겨 있다는 것을 확인하게 된다.

동화에서는 털북숭이 공주의 부엌데기 생활이 짧게 묘사되지만 실제 현실에서는 아주 긴 과정이다. 설령 피해자가 심리 치료를 통해 큰 변화를 이룬다 하더라도, 혹은 사랑하고 사랑받는 능력을 회복하여 만족스러운 결혼 생활을 하게 된다 하더라도 정신적 트라우마를 극복하는 과정은 평생의 과제로 봐야 한다. 몸에 밴 희생자 콤플렉스의 잔해가 계속해서 등장하고 극복을 호소하기 때문이다.

성폭력 경험을 인지하고 털어놓은 뒤에는 성폭력의 막대한 결과에 대해 일종의 '결산 보고서'를 작성해야 한다.

- 성폭력 경험이 삶에 어떤 식으로 드러났는가(반복되었는가)?
- 희생자 콤플렉스는 어떤 식으로 드러났는가?

- 섭식 장애, 알코올 의존, 약물 의존이 있는가?
- 자학적 태도가 있는가?
- 결혼 생활과 부부 관계는 어떤가?
- 자존감은 어떤가?
- 성폭력과 관련이 있어 보이는 다른 장애가 있는가?

결산 보고서를 작성한 다음에는 그중 제일 먼저 다뤄야 할 가장 괴로운 행동 장애가 무엇인지 찾아내야 한다. 당연히 자살 충동, 자해, 중독 질환이 우선순위여야 한다. 이런 증상들은 어떤 경우든 전문가의 도움 없이는 해결이 불가능하기 때문이다. 가령 중독 질환의 악순환을 끊으려면 대부분 입원 치료가 필요하다.

성폭력의 결과와 영향은 한 번에 해결할 수 있는 과제가 아니다. 결산 보고서를 작성하는 것 역시 치료의 한 과정일 뿐이다. 성폭력 피해 생존자가 현재 자신의 증상과 아주 오래전 있었던 성폭력 사이의 연관성을 대번에 이해하는 경우는 매우 드물다. 대부분이 부단한 노력 끝에 비로소 그 연결 고리를 깨닫게 된다. 처음에 그들은 고난의 책임을 가해자가 아닌 자신의 잘못된 행동에서 찾으려 하며 좀처럼 죄책감에서 벗어나지 못하고 자신의 고통을 확대한다.

지금까지 분노와 화, 증오 같은 중요한 감정을 억눌러 왔기 때문에 가해자를 탓하지 못하고 모든 잘못을 자기 자신에게서 찾으려 하는 것이다. 동화는 이런 중요한 감정 영역을 어떻게 다뤄야 하는지 비유적 언어로 알려 준다.

1부 털북숭이 공주의 운명 : 가정에서의 성폭력

털북숭이 공주와 왕자 사이에 구원을 위한 결정적인 대면이 동화의 끝부분에서 이루어진다. 마침내 왕자는 털북숭이 공주의 거짓말을 꿰뚫어 보았고 공주가 더는 자신의 정체를 부인하지 못하도록 한다. 그리고 도망치려는 공주를 가벼운 완력으로 붙잡는다. 공주가 자신의 진짜 정체성을 되찾도록 제3자가 '압박하는' 상황이다.

왕자가 공주를 붙잡고 망토를 풀자 공주는 자신의 진짜 모습을 더는 숨길 수가 없다. 이 부분을 제3자의 도움으로 문제를 해결한다거나 배우자만이 피해 생존자를 불행한 삶에서 구원해 줄 수 있다는 식으로 해석할 위험이 있는데, 이것은 잘못된 해석이다. '동화의 해결책'을 글자 그대로 이해해선 안 된다. 수동적으로 누군가의 도움을 기다리는 것이야말로 희생자 콤플렉스를 가진 사람의 전형적 태도이고 이것은 결코 해결책이 될 수 없다.

왕자의 태도가 무엇을 상징하는지 이해하려면 동화의 표현을 비유적 언어로 해석해야 한다. 왕자는 털북숭이 공주의 일부분이다. 왕자는 털북숭이 공주가 발달시켜야 하는 남성성을 상징하고 왕자와의 결혼은 여성성과 남성성의 결합을 의미한다. 모든 남성에게 여성성이 있는 것과 마찬가지로 모든 여성도 남성성을 가지고 있다. 남성성과 여성성의 조화로운 균형을 상징하는 동양의 음양 상징을 생각해 보라. 남성에게는 여성성이, 여성에게는 남성성이 씨앗처럼 들어 있다.

　　오로지 남성적인 특징만 선호하는 남자들은 '마초'가 되고, 깊은 관계를 맺는 여성의 능력과 배우자의 희생을 무시하는 한 그들은 미성숙한 상태로 남는다. 한편 오로지 여성적인 특징만 발달시킨다면 자립성과 자율성이 부족할 수 있다. 남성성과 여성성이 균형 있게 결합할 때 비로소 성숙하고 자주적인 인격이 완성되는 것이다.

　　성폭력 피해 생존 여성들의 경우 남성성이 종종 심하게 왜곡되는 경우가 있다. 그들은 인격의 붕괴, 굴복, 장기적인 자기방어 불능 상태를 경험했고 그들의 분노와 화는 언제나 자기 자신을 향한다. 그렇기 때문에 그들은 남성성을, 즉 자신을 방어하고, 분노와 화를 표출하고, 자신의 진짜 욕구를 돌보고, 삶을 자주적이고 계획적으로 이끌어 가는 능동적 행동 방식을 발달시키지 못한다. 자신이 끌어안고 있는 고통에 분노하지 못하는 것이 바로 희생자 콤플렉스의 근원이다. 그러므로 남성성을 얼마나 발달시키느냐에 따라 치유 과정이 크게 좌우된다. 털북숭이 공주와 왕자의 결혼은, 성폭력으로 억압되었던 털북숭이 공주의 남성성이 건강하게 발달해 여성성과 조화롭게 결합했다는 것을 상징한다.

인격은 내용물을 안전하게 보관하는 그릇과 같다. 성폭력 피해 생존자의 그릇은 깨지기 쉽거나 너무 얇고 약해서 특정 형태를 유지하지 못한다. 그러므로 '자기방어 능력'을 발달시키는 것이 중요한 치료 과제다.

털북숭이 공주가 왕자를 만나듯 성폭력 피해 생존자가 '내면의 왕자'를 만났다면 치유의 과정에서 중요한 걸음을 내디딘 것이다. 내면의 왕자는 인격이라는 그릇이 기본적인 형태를 갖췄음을 상징한다. 왕자는 왕국의 국경을 안전하게 지키고 질서를 유지하고 규칙을 정하고 규칙에 따라 통치하고 왕국의 미래에 대한 비전을 제시한다. '내면의 왕자'는 무너지고 의존적이었던 인격을 자기 결정력과 자의식이 있는 안정된 인격으로 발달시킨다.

오랫동안 의존적이고 순종적으로 살았던 사람들이 자기 안의 남성성을 발달시키면서 다른 극단에 빠지는 경우도 종종 생긴다. 공격적이고 폭력적으로 변하는 것이다. 그러나 치료의 관점에서 볼 때, 잠시 내면의 왕자가 강조되어 남성적 특징이 강해진다 해도 의미 있는 변화로 여길 수 있다.

털북숭이 공주 같은 사람들은 특히 성적 영역에서 '싫다'고 말하는 법을 배워야 한다. 내면의 왕국에서 왕자, 즉 통치자가 된다는 것은 무엇보다 자신의 진짜 욕구를 발견하고 자신의 의지를 감지하는 감각을 발달시킨다는 뜻이다. 내면의 왕국에서 통치자가 되어 보지 못한 사람들은 어린아이가 부모에게서 독립하는 법을 배울 때처럼 계속 도전하고 시험해 봐야 한다.

앞에서 언급했듯이, 탈북숭이 공주 같은 사람들은 특히 남성적 감정에 큰 손상을 입는다. 비극적 사건의 트라우마로 인해 분노와 화를 표출하지 못하면 자신을 향해 비난의 화살을 쏘게 된다. 그러므로 이런 감정을 표출할 수 있게 하는 것이 중요한 치료 과제다.

한 여성 환자는 치료 초기에 자신의 상황을 완전히 잘못 이해하고 아버지를 이상화했다. 그리고 자신이 진정으로 사랑했던 유일한 사람이 바로 아버지라고 믿었다. 그녀의 증오는 그녀를 늘 돌봐주었던 어머니에게 향했다. 치료를 통해 자신의 문제가 아버지의 성폭력에서 비롯되었음을 뒤늦게 인지하게 된 후, 그녀는 아버지에게 다음과 같은 편지를 썼다.

그동안 왜 연락을 끊고 살았는지 한 번은 당신에게 편지를 써야겠다고 생각했어요.

그리고 병원에서 썼던, 보내지 못한 편지 몇 통도 여기에 동봉합니다. 그동안 내가 느꼈던 절망감을 그냥 써 내려간 것들인데, 그 편지들 덕분에 나는 오랫동안 나를 괴롭혔던 문제를 명확히 보게 되었습니다. 거기에 적힌 내용들이 문제의 핵심일 거라 생각합니다. 그 편지들을 읽으면 가끔씩 내가 당신 때문에 얼마나 엿 같은 기분이었는지 알 수 있을 겁니다. 그동안 나는 왜 그렇게 당신을 보호하려 했을까요? 어쩌면 이 편지를 읽고 당신은 슬퍼하거나 화를 내거나 또 다른 감정을 느끼게 될지 모르지만 이제 와서 그게 무슨 소용일까요? 어차피 당신은 내가 슬프든 불행하든 관심도 없었잖아요. 나도 이젠 당신을 배려하지 않으려고 합니다. 내 인생은 완전히 망가진 거나 마찬가지고 이제 그 원인을 알았으니 앞으로는 다시 건강해지기 위해 최선을 다할 겁니다.

내 영혼이 당신 때문에 얼마나 처참하게 망가졌는지 당신은 절대 모를 겁니다. 알코올 의존증, 관계 장애, 남성 혐오, 성적 장애, 무엇보다 병적인 우울증과 죄책감……, 이 모든 것이 당신의 잘못이라고 말할 순 없더라도 내 삶의 문제와 고통의 대부분은 확실히 당신으로부터 비롯되었습니다.

당신은 선을 넘었고 아버지로서 하면 안 되는 짓을 했습니다. 당신은 나를 하나의 인격체로 대하지 않았고 나의 내밀한 영역을 침범했습니다. 나는 더 이상 그것이 사실이 아니었다고 부정하지 않을 겁니다! 그것은 엄연한 사실입니다!!!!! 당신은 성적으로 나를 착취했습니다. 명확한 사실입니다. 어쩌면 당신에게는 그저 사소한 스킨십 몇 번이었을지 모르지만 내게는 아주 큰 사건이었습니다.

당신이 그럴 때마다 나는 소름이 끼쳤지만 방어할 수 없었습니다. 선을 긋는 법도 아직 배우지 못했던 때니까요. 나는 당신의 친밀함과 자상함을 좋아했지만 동시에 당신이 너무 가까이 올까 봐 겁이 났습니다. 나는 다른 사람이 내 가슴을 만지는 게 싫었어요! 그게 아버지라면 더욱 더!!!! 당신이 내게 했던 그 모든 짓이 나는 소름 끼쳤습니다. 나는 간절히 원했습니다. 당신이 나를 아껴 주기를, 나를 도울 방법을 한 번이라도 생각해 주기를, 그리고 그리고 그리고……, 내가 그토록 원했지만 당신이 저버린 것들을 여기에 모두 쓰려면 몇 시간도 부족할 겁니다.

나는 병원에서 몇 달 동안 이 문제에 대해 생각했습니다. 내가 이렇게까지 망가진 데는 분명 이유가 있을 테니까요.

지난 몇 달 몇 주 동안 당신에 대해 얼마나 많이 생각하고 울부짖었는지 말로 다 할 수 없습니다.

내가 오빠들과 특히 엄마에게 못되게 굴었던 것이 너무나 가슴 아픕니다. 엄마는 당신이 아닌 내 편이었습니다. 그런데도 나는 당신을 더 사랑했고 가끔씩은 엄마를 증오하기까지 했습니다. 이제 나와 엄마는 서로를 이해하게 되었지만 엄마에게 용서를 구하고 바로잡아야 할 것들이 아직도 너무 많습니다. 현재 나는 엄마와 많은 이야기를 나누며 함께 치료를 받고 있습니다. 아직도 내게는 극복하고 치유해야 할 문제가 너무나 많고, 혼자서는 극복하기가 너무 어려우니까요.

내가 이 편지에서 정말 하려고 했던 말은 이것입니다.

나는 알코올 중독자이지만 술을 끊기 위해 노력하고 있습니다. 나는 숨지 않고 내 병을 똑바로 볼 것입니다.

나는 내 의견을 말하고, 나를 이해하는 사람들과 내 문제에 대해 이야기할 겁니다. 더 이상은 당신이 한 짓에 대해 계속 입을 다물고 있어야 한다고 생각하지 않아요. 그동안 나는 너무 오래 침묵했고, 말과 술 모두 너무 많이 삼켰습니다.

1부 털복숭이 공주의 운명 : 가정에서의 성폭력

모두에게 말할 것이고, 그동안의 일에 대해 누군가 묻는다면 숨김 없이 이야기할 것입니다. 내가 다시 당신이 있는 도시로 갔을 때 당신이 어떻게 할지는 당신 마음입니다. 내 편지를 어떻게 처리하든 그것도 나는 아무 상관 없습니다. 이거 하나는 확실히 말해 두겠습니다. 나는 술을 끊을 겁니다. 그리고 당신과 관련된 모든 일을 극복해 낼 겁니다.

나중에라도 당신을 용서할 수 있을지, 아직은 모르겠습니다. 중요한 건, 나는 더 이상 당신의 딸이 아니라는 것입니다.

이 여성 환자는 처음으로 아버지에게 저항하고 분노와 화를 표출하고 자신을 방어할 용기를 냈다. 그동안 자신을 어떻게 방어해야 할지 몰랐던 그녀는 자신을 폭력적인 남자들의 노리개로 만들었다. 남성성을 내면에서 찾지 않고 만나는 남자들에게서 찾았던 것이다. 그러다 보니 폭력적인 남자들에게 유난히 매력을 느꼈고 언제나 속수무책으로 빠져들었다. 그녀는 술에 의존하게 되었고 여러 번 자살 시도를 한 끝에 병원에 왔다.

지금까지 살펴보았듯이 성폭력 같은 피해로 인해 트라우마가 생긴 사람은 분노와 화를 특히 잘 표출하지 못한다. 많은 성폭력 피해 생존자들이 자신의 깊은 분노와 증오에 도달하지 못한다. 다시 말해 그들은 이런 감정을 단 한 번도 온전한 강도로 인식하지 못한다. 너무 고통스럽고 끔찍하고 두려운 경험이라 두 번 다시 떠올리고 싶지 않기 때문이다.

감정 표출을 가로막는 방어벽을 없애기 위해서는 두려움부터 극복해야 한다. 간혹 가해자가 이미 늙고 약해졌거나 죽어서 실질적인 위협이 사라진 지 오래라고 해도 피해자는 여전히 두려움에 지배되고, 치료라는 안전한 틀에서조차 과거의 사건과 마주하기를 꺼린다. 그러므로 동화에서 왕자가 털북숭이 공주에게 했던 것처럼 조심스럽고 신중하게, 성폭력 피해 생존자들이 '도망치지 않게' 독려하고 지지해야 한다.

가해자와 대면하기

치유 과정에서 빼놓을 수 없는 것이 가해자와의 대면(때에 따라서는 간접적 대면)이다. 비극이 낳은 역경에 대해 분노와 화를 표출해야 한다. 가로막혀 있던 감정을 쏟아내야 희생자 콤플렉스도 사라지기 때문이다. 따라서 피해자가 분노를 표출할 수 있도록 하는 것이 치료의 과제라고 할 수 있다. 피해자는 그동안 가해자와 자신을 동일시해야만 했고 특정한 관점을 강요받았던 탓에 대개 가해자에게 아무런 분노도 느끼지 않는다고 말한다.

이런 사람들의 경우에는 우선 자신이 겪은 비극이 다른 사람에게 일어난 일이라고 '상상'하는 것이 좋다. 그래서 내가 상담 치료를 했던 쉰둘의 여성에게 여섯 살짜리 손녀가 아버지에게 성폭력을 당했다고 상상해 보라고 했다. 그러자 상상만으로도 격렬한 분노가 일었고, 정말 그런 일이 벌어진다면 그 '짐승'을 목 졸라 죽여야 한다고 말했다. 그리고 그동안 스스로를 위해 분노하지 못했던 자신의 무기력함을 깨닫게 되었다. 또한 그 일, 정확히 말해 '여섯 살 때 아버지에게 성폭력 당했던 일'이 그렇게까지 비극적이지는 않았다고 합리화했던 것이 얼마나 극심한 자기 멸시였는지도 알게 되었다.

치료 모임에서는 그녀 안에 갇혀 있던 분노와 화, 증오를 찾도록 도왔다. 특히 같은 고통을 겪고 있는 다른 참가자들은 그녀가 사건을 있는 그대로 볼 수 있도록 격려했다.

그녀는 아버지에게 편지를 써 보라는 숙제를 받았다. 이때 성폭력 피해 생존자는 자신이 아니라고 상상해야 했다. 자유롭게 모든 걸 표현할 수 있도록 우선은 편지를 쓰되 부치지는 않기로 했다.

부치지 않을 편지를 쓰는 것은, 피해 생존자에게 지금까지 외면하고 가로막았던 감정을 찾아내 정리할 기회를 주는 것이라고 할 수 있다. 이것은 여러 단계에 걸쳐 진행되므로 한 번으로 끝내지 말고 계속해서 편지를 써야 한다.

역할극을 통해 가해자에게 대항해 보는 것 역시 가로막힌 분노와 증오를 표출하는 효과적인 방법이다.

J는 맞은편에 의자를 놓고 그곳에 아버지가 앉아 있다고 상상했다. 처음에는 아무 말도 하지 않았다. 잠시 후 그녀가 조용히 눈물을 흘리기 시작하자 심리 치료사가 물었다.

"그 눈물 안에 분노도 들어 있나요?"

그녀는 "네" 하고 짧게 대답했다.

심리 치료사가 말했다.

"아버지를 향해 화가 났다고 말해 보세요."

그녀가 두려움에 떨며 아주 작은 목소리로 겨우 말했다.

"내 안의 화와 분노가 풀릴 때까지 더 크게 소리치세요."

심리 치료사의 거듭된 요청에도 그녀는 머뭇거리기만 했다. 성폭력 경험이 있는 다른 참가자 두 명이 양옆에서 그녀의 팔을 잡아 주며 격려하자, 그녀는 힘겹지만 전보다 더 큰소리로 화를 표출할 수 있었다. 그녀의 목소리는 점점 더 커졌고, 깊은 분노를 쏟아 내는 듯했다.

역할극이 끝난 후 심리 치료사가 물었다.

"마음속에 있는 분노 중 몇 퍼센트나 표출했나요?"

그녀가 대답했다.

"많아야 2퍼센트 정도예요. 내 안에 그렇게 많은 분노가 있는지 미처 몰랐어요."

이 일이 있은 후 J의 태도가 바뀌었다. 변화된 태도는 특히 치료 모임 때 명확히 드러났다. 그녀는 부당한 요구를 거절하기 시작했고 치료 공동체 운영 위원을 맡았을 뿐만 아니라 전보다 훨씬 더 쾌활해졌다.

'게슈탈트 심리 치료Gestalt therapy*'에서 성폭력 피해 경험이 있는 한 여성 환자는 찰흙으로 가해자를 빚었다. 그리고 찰흙 인형을

　　　　　　　　　　　　1부 털북숭이 공주의 운명 : 가정에서의 성폭력

완성한 후 그것을 거칠게 때리고 내던져 완전히 망가뜨렸다. 자신의 분노와 화를 마음껏 표출하며 기운이 다 빠질 때까지 욕을 하고 소리를 질렀다. 그녀는 완전히 녹초가 되었지만 마음은 한결 가벼워진 듯 밝은 얼굴이었다.

피해자가 가해자와 '직접 마주하는 것'이 가능한 단계가 되면, 아주 신중하고 철저하게 만남을 계획해야 한다. 예를 들면 가해자가 죽었거나 더는 찾을 수 없을 수도 있고, 위험이 도사리고 있어 최악의 결과를 예상해야 할 때도 있다. 실제로 위험한 가해자가 더러 있기 때문이다. 이 단계는 큰 두려움이 앞서기 때문에 그것을 극복할 만큼의 큰 용기가 필요하다.

> N은 오랜 고민과 주저 끝에 아버지를 만나기로 결심했다. 그녀는 여러 번 결혼 생활에 실패했고 알코올 의존자가 되어 힘든 상황에 자주 처했기 때문에 그동안 아버지의 도움을 많이 받았다. 아버지는 딸에게 돈을 주면서 그때마다 딸에게 실망했다며 격렬히 비난했다. N은 여전히 아버지에게 종속된 기분이었고 아버지와 마주함으로써 그동안 그녀가 의존했던 '목발'을 잃게 될까 봐 두려워했다. 그녀는 아직도 혼자 힘으로 생계를 꾸

---

* 게슈탈트란 '전체', '형태', '모습' 등을 뜻하는 독일어로, 게슈탈트 학파에 따르면 인간은 대상을 지각할 때 그것들을 개별로 보지 않고 하나의 의미 있는 전체, 즉 '게슈탈트'로 만들어 지각한다. 인간은 사고, 지각, 욕구, 행동, 신체 감각, 환경을 하나의 관점으로 바라본다. 그러므로 게슈탈트 심리 치료에서 건강한 사람이란 명확한 게슈탈트를 형성할 수 있는 사람이다.

려 나가지 못하는 미성년자에 머물러 있는 기분이었다. 아버지에게 대놓고 불평하거나 잘못을 지적할 용기를 내본 적이 없었기 때문에 아버지를 대면하는 것이 몹시 두려웠다. 그녀는 아버지와의 대면이 부녀 관계를 깨트릴 거라고 생각했다. 또한 이 것이 어머니와 아버지 사이에 어떤 파장을 가져올지도 걱정스러웠다.

그래서 N은 아버지에게 먼저 편지를 쓰고 어머니에게도 이 편지에 대해 알려 주기로 했다.

그런데 부모의 반응은 N을 낙담시켰다. 아버지는 "나는 너에게 상처를 준 적이 없다!"라고 잡아뗐다. 어머니의 반응은 더욱 충격적이었는데, 아버지가 딸 때문에 무척 힘들었을 거라면서 아버지 편을 들었던 것이다. 어머니는 아버지가 딸을 성폭행한 사실을 알고 있음에도 불구하고 "그렇게 심각한 수준은 아니었다"라고 말했다. 딸이 겪었을 고통에 대해 어머니는 아무 연민도 느끼지 못했다. 비록 "딸이 다 잘못해서 그런 걸 거야"라고 대놓고 말하지는 않았지만 그런 뜻을 암시했고, 딸의 유혹적인 태도가 성폭력의 발단이 됐을 거라고 생각했다.

N이 부모와 나눈 여러 차례의 대화를 통해 그녀가 이미 오래 전에 부모를 '잃었다'는 것이 확실해졌다. 처음에 그녀는 성폭력 피해 사실을 방관했던 어머니의 태도에 격하게 분노했다. 그리고 서서히 어머니의 감정적 의존성을 인식하며 자기 역시 자립성이 부족하

고 너무 의존적이지는 않았는지 성찰하기 시작했다. '과연 어머니가 여성의 자립성과 독립성을 보여 주는 적합한 모델일까?' N은 치료 과정에서 자신은 어머니처럼 살고 싶지 않다는 것을 명확히 인식하게 되었다.

N의 원래 목표는 부모를 마주하고 이해함으로써 잃었던 부모를 되찾는 것이었다. 비록 이 목표는 이루지 못했지만 N은 자립성을 확립하고 남성성을 발달시키기 위한 첫걸음을 떼었다. 우선 부모와 연락을 끊고 자립하는 길을 찾아가기 시작한 것이다. 자신을 방어할 수 있게 되었다는 사실 하나만으로도 그녀의 자존감은 눈에 띄게 높아졌다.

가해자가 피해 생존자에게 진심으로 용서를 비는 일은 드물다. N의 부모는 적어도 성폭력 사실을 시인했다. 꽤 많은 피해자들이 '거짓말쟁이'라든가 '가족을 불행에 빠트린 장본인'이라는 비난의 화살을 받는다. 말하자면 그들은 결국 가족에게 거부당하고 더 나아가 보복을 당할 수도 있다. 그러므로 가해자와 직접 마주하기 전에 다음의 내용을 명확히 따져 봐야 한다.

- 가족의 거부를 견뎌 낼 수 있는가?
- 의지할 만한 든든한 관계(친구, 자조 집단, 치료 공동체)가 있는가?
- 가해자를 직접 마주한다면 신체적 폭력 같은 위험 요소가 있는가?

- 당사자 외에 다른 희생자(형제자매, 그 밖의 친척 등)가 생길 가능성이 있는가?
- 법의 보호가 필요한가?

가해자와 대면할 때 비로소 명확한 진상 규명이 이뤄진다. 따라서 대면은 피해자에게 용감한 첫걸음을 내딛는 것이라 할 수 있으며, 그 행위는 격려받아 마땅하다. 희생자 콤플렉스가 생길 수밖에 없었던 곳, 억압과 멸시가 있었던 바로 그곳에서 피해자는 자기를 방어하고 의사를 표현해야 한다. 비유적으로 말하면 피해자는 내적 노예 생활의 시작점으로 돌아가 그곳에서 가해자를 대면해야 한다. 그래야 과거의 종속적 패턴이 깨지고 새로운 공간이 생기게 된다.

성폭력 피해 생존자들은 너무 오랫동안 좌절했고 늘 희생자 역할을 자처했다. 그러다 보니 자기 삶에 대한 책임도 지지 않았다. 가해자에 대한 분노는 치유의 시작이다. 거기에서부터 동화 속 왕자가 상징하는, 자기방어를 할 줄 아는 남성성이 발달하고, 결혼식이 상징하는 진정한 자아를 발견할 수 있다. 그러면 희생자 콤플렉스는 어느새 사라지고 자존감을 새롭게 키울 수 있다.

가해자와의 대면은 많은 피해자에게 마침내 정의를 경험하는 기회로 인식된다. 그들은 잘못을 뉘우치는 가해자의 모습에서 보상을 받고자 한다. 고대하던 구원을 받아 마침내 모든 고난이 끝나기를 바란다. 그러나 N의 사례에서 보았듯이, 가해자가 실제로 잘못을 뉘우치고 용서를 비는 경우는 아주 드물다. 게다가 그렇게 된다 하더라도 영혼이 상처 입었던 일이 사라지거나, 희생자 콤플렉스나 심신 상관 질환 같은 피해가 없어지는 것도 아니다. 설령 가해자가 자신의 행위를 후회한다 하더라도 가해자와는 최대한 거리를 두는 것이 좋다. 그래야 동화에서처럼 '다른 왕국'에서 손상된 인격을 치유할 수 있다.

그러기 위해서는 성폭력 피해 생존자에게 공감하고 그들이 얼마나 힘든 시간을 보냈는지 이해할 수 있는 사람들이 반드시 필요하다. 동화 속 왕자처럼 부드럽지만 확고한 태도로, 피해자가 자신의 진짜 정체성으로 살도록 격려해야 한다.

치료 공동체

치료 공동체는 무엇보다 희생자 콤플렉스를 극복하는 데 적합하다. 이미 밝혔듯이 변화가 일어나는 데는 여러 단계와 시간이 필요하다. 환자는 공동체 안에서 새로운 태도를 서서히 익혀 나가면서 현실을 적절히 고려하고, 진짜 정체성과 일치하는 새로운 행동 방식을 배워 간다. 이때 이런 변화에 확신을 주는 것이 중요하다. 그러기 위해 치료 공동체에서는 같이 치료를 받는 환자들과 치료사들이 '피드백'을 준다. 피드백을 통해 환자의 파괴적인 행동을 조심스럽게 지적하고 긍정적인 마음을 가지고 생활할 수 있도록 격려한다.

치료 공동체에서의 사회적 학습은 '재발'과 '이탈'이라는 두 가지 행동으로 대표된다. '이탈'이란 환자의 새로운 행동 방식이 파괴적이고 자학적일 때를 지칭한다. 예를 들어 한 환자가 고통받았던 일에 대해 처음으로 분노를 표출할 용기를 냈다거나, 치료 공동체 내에서 다른 사람들을 무시하고 규칙을 어기며 분위기를 흐리는 누군가를 강하게 질책했다면, 이것이 바로 '이탈'이다. 만약 이 환자가 같은 상황에서 예전처럼 침묵하거나 화를 억눌렀다면 이것은 '재발'이다. 실질적이고 긍정적인 변화가 있을 때 치유 효과도 있는 것이지 변하겠다는 결심만으로 바뀌는 것은 없다. 결심이 순간의 안도감을 줄지는 모르지만 결코 구체적인 행동 변화를 가져올 수는 없다.

성폭력 피해 생존자들은 충격적인 일을 겪은 뒤 자기 확신과 안정감이 크게 흔들린다. 그래서 그들은 심적 고통을 멈추고 밀어내고 잊기 위해 일종의 대체물을 찾아내 그것에 의존한다. 그렇게 약물에 손을 대기 시작하고 그것에 중독될 위험도 그만큼 높아진다. 이것은 결핍을 직접적으로 보상받으려는 시도라고 할 수 있다. 앞에서 설명한 거식증, 과식증, 자해와 같은 증상들도 대체물을 통한 내적 결핍을 보상하려는 시도로 보아야 한다. 희생자 콤플렉스에서 대부분 나타나는 '의존성' 역시 이러한 보상 시도로 볼 수 있다. 성폭력 피해 생존자들은 소위 자신에게 없는 확신과 안정을 다른 사람에게서 얻으려 한다.

그들은 다른 사람과 과도하게 밀착된 공생 관계를 맺고 이것은 곧 문제를 일으킨다(3부 '관계 중독 혹은 사랑 중독' 참고). 그들은 치료 공동체 안에서도 그들의 내적 불안정을 대체하기에 적합한 '구원자'를 항상 찾아낸다.

희생자 콤플렉스를 가진 사람은 대개 갈등이 있으면 우선 회피하려 든다. 그들에게는 자신의 욕구를 돌보고 삶을 책임질 에너지가 없다. 그래서 중요한 결정을 내리지 못하거나 망설이면서 미룬다. 성폭력의 결과에 대해 설명할 때 이미 밝혔듯이, 그들은 '구강기 발달 단계'로 돌아가는 퇴행을 보인다. 구강기는 인격 발달의 초기 단계로, 다른 사람의 도움이 있어야 욕구를 충족할 수 있는 시기다. 구강기에 머무는 사람들은 자기를 대신해서 다른 사람이 결정하기를 기대하고, 다른 사람이 자신을 돌보고 보호하고 달래고 도와주기를 바란다.

타인에게 의존하고 집착하는 경향은 치료 공동체를 통해 치료했을 때 가장 효과적이다. 공동체 안에서 다른 환자들과 지내다 보면 평소 생활에서 일어나는 문제들이 불거질 수밖에 없다. 그러면 비로소 자신의 자학적인 태도를 알아차리고 건설적인 대안을 마련할 기회가 생긴다. '지금 여기!'가 치료 공동체의 원리다.

이것은 동화의 황금 물레와 황금 실패를 떠오르게 한다. 물레는 꾸준하게 실을 잣고, 실은 점점 더 길어져 실패에 감긴 후 옷감을 짜는 데 사용된다. 이처럼 끈기 있게 매일매일 도전하다 보면 변화는 조금씩 서서히 나타나기 마련이다.

치료 공동체의 또 다른 원리는 '애정'이다. 이곳에 모인 사람들은 모두가 진정한 자신을 만나고 마음의 병을 치유하기 위해 이곳에 왔다는 걸 잘 안다. 그러기 위해서는 서로가 좋은 마음으로 대하고 서로 이해하는 분위기를 만들어야 한다. 그러지 못하면 공동체에서 치유의 힘을 기대하기 힘들고, 특히 성폭력 피해 생존자들은 공동체와 동료를 믿지 못하고 마음을 열지 않을 것이다.

극단적인 학대와 위협, 가학은 타인의 결정을 따라야 하는 극단적 형태의 순응에 해당한다. 그래서 치료 공동체에서 지켜야만 하는 규칙, 다른 회원들의 기대, 수치심과 스트레스를 주는 토론의 주제, 운동 요법 때 어쩔 수 없이 해야만 하는 신체 접촉의 두려움, 상상을 통한 트라우마 반복 공포 등은 타인의 결정에 순응해야 하는 강요나 압박으로 느껴질 수 있다.

실제로 치료 과정에서 성폭력 장면이 은유적 맥락에서 반복될 위험도 있다. 이를테면 타인과 경계를 두지 못하고 자기 결정력이 없는 성폭력 피해 생존자들은 조력자, 치료사, 동료 환자 등 다른 사람들이 해결책을 찾아 '강제로' 그들 손에 쥐어 주기를 바란다. 그러나 이렇게 얻은 해결책은 치료에 아무런 도움이 되지 않는 것은 물론이고 설령 치료에 성공한 것처럼 보이더라도 금세 파괴적인 행동 방식이 재발한다.

변화는 오직 '두려움을 극복했을 때' 일어난다. 자조 집단이나 치료 공동체에서 두려움을 느끼게 되면 과거의 부정적 경험이 힘을 얻게 된다. 이런 두려움은 심지어 정신병으로 변질될 위험도 있다.

어린 시절 여러 남자에게 성폭력을 당한 뒤 알코올 의존자가 된 K는 수동적인 태도 때문에 자조 집단에서 자주 지적을 받았다. 불편한 지적에도 불구하고 K는 꾸준히 모임에 나갔지만 그를 기다리는 것은 다른 참가자들의 계속되는 비판뿐이었다. 적절하게 자신을 방어할 수 없었던 그는 이러한 비판을 위협으로 느꼈고 다른 참가자들을 증오하기 시작했다. 그는 도움을 주려는 다른 참가자들의 진심을 더는 느낄 수가 없었다. 공격받고 비판받고 상처받는 기분만 들었다. 그는 다른 참가자들에게 심한 욕설을 하고 협박 편지를 보냈다. 급기야 증오와 공포에 사로잡혀 늘 권총을 지니고 다니기 시작했다.

중독 치료 초기에 반드시 해야 하는 '중독 물질(그리고 과식이나 거식 같은 중독 행위)을 끊는 것'은 금단 현상을 각오한다는 뜻이다. 중독 물질이나 중독 행위에 의존하는 사람들은 초기의 이 어려운 단계를 극복하면 큰 안도감을 느낀다. 그러나 성폭력 피해 생존자들은 대체물을 끊었을 때 특정 증상이 오히려 악화될 수 있다. 이를테면 우울해지거나 자살 충동을 느끼거나 자학 행동을 보이는 것이다.

치료 공동체는 안전한 장소여야 하고 몸과 마음을 회복해 사회로 돌아갈 수 있는 곳이어야 한다. 처참하게 인격이 짓밟힌 사람들은 서로 신뢰하는 분위기 속에서만 진정한 자아를 찾는 걸음마를 시작할 수 있다. 그러므로 심리 치료사들은 이런 파괴적인 과정이 반복되지 않도록 주의해야 한다. 특히 성폭력 피해 생존자의 경우 반복 경향이 아주 강하기 때문에 그만큼 집중적인 주의가 요구된다.

관계 욕구

「털북숭이 공주」에 등장하는 반지, 물레, 실패는 치유에 꼭 필요한 소망을 내포한 물건들이다. 성폭력 피해 생존자들은 안정감 있는 애정 관계를 간절히 소망하지만 그들에게는 그런 관계를 맺을 능력이 없다. 심한 의존성을 보이지 않더라도 성적 장애가 행복한 연애와 결혼 생활을 방해한다. 성관계에 대한 두려움과 혐오, 사디즘과 마조히즘, 노골적인 유혹, 심지어 성매매까지, 성적 장애는 다양하게 나타난다.

동화에서 황금 반지는 왕자의 손가락에 끼워지지 않고 수프에 숨겨진다. 당연히 이 장면에도 비유가 담겨 있다. 음식 안에 뭔가가 숨겨져 있다는 것은 특별한 행동 방식을 상징적으로 표현한 것이다. 이미 여러 번 밝혔듯이 성폭력 피해 생존자들은 대부분 애정, 보호, 그리고 특히 음식 같은 인간의 기본 욕구를 다른 사람을 통해 채워야 하는 구강기로 퇴행한다. 많은 성폭력 피해 생존자들이 폭식이나 거식으로 결핍을 보상받으려는 데서도 볼 수 있듯이 구강기 퇴행에서 음식은 중요한 구실을 한다.

털북숭이 공주가 왕자를 위해 수프를 끓이고 왕자가 그것을

　　　　　　　1부 털북숭이 공주의 운명 : 가정에서의 성폭력

매우 흡족하게 먹는 장면을 떠올려 보자. 이것은 털북숭이 공주가 왕자와 춤을 춘 뒤 급히 계단 아래 벽장으로 도망쳐 온갖 짐승의 가죽으로 만든 망토를 입어야 하는 것과 연관되어 있다. 공주가 급하게 와서 끓인 수프는, 자신을 간절히 원하는 왕자 곁에 머물지 못하는 처지에 대한 보상이자 대체물이다. 동화에 등장하는 다양한 인물들은 한 인격의 여러 단면을 상징한다. 즉 왕자는 털북숭이 공주나 성폭력 피해 생존자 내면의 남성성을 의인화한 것으로 볼 수 있다.

수프를 끓여 왕자에게 올리는 장면을 통해 동화는 성폭력 피해 생존자의 딜레마를 정확히 그려 낸다. 수프는 다정한 관계, 진정한 사랑, 행복한 섹스를 대신하는 대체물이다. 이 모든 것이 어린 시절의 고통스러운 경험 때문에 불가능해졌다. 이런 기본 욕구가 채워지지 않으면 인간은 어쩔 수 없이 대체물을 찾게 된다.

근심과 괴로움을 풀기 위해 너무 많이 먹어서 찐 살을 우리는 '스트레스 살'이라고 부른다. 음식은 사랑과 자기애의 대체물이다. 동화 속 수프는 내적 위기가 쇼핑이나 다른 소비 행위로 진정되거나 마비되는 다른 형태의 대체 효과도 표현한다. 술, 마약, 약물 같은 중독 물질은 결코 진정한 만족을 주지 못하는 대체물이다. 왕자가 수프를 맛있게 먹지만 거기서 만족하지 못하고 계속 수프를 찾는 것으로 동화는 이것을 표현한다. 내적 공허와 불만을 채우기 위해 대체물을 이용하지만 그것이 결코 만족감을 주지 못하는 것이다. 대체물은 순간의 안도감만 줄 뿐, 시간이 지나면 금세 다른 대체물이 필요하다. 갈등의 원인이 해결될 때까지 왕자가 계속해서 수프를 대령하게 하는 것도 바로 이러한 이유 때문이다.

세 번째 춤을 출 때 털북숭이 공주의 정체를 밝히기 위해 왕자는 공주의 손가락에 몰래 반지를 끼운다. 이 반지는 수프에 감춰졌던 것과는 다른 의미를 갖는다. 털북숭이 공주는 수프에 반지를 넣은 사람이 자신이라고 솔직하게 말할 수 없었다. 즉 자신의 진짜 욕구를 인정하고 돌볼 수 없었다. 우리가 남성성으로 표현했던 것이 이때는 아직 발달하지 않았기 때문이다. 동화는 남성성을 상징하는 왕자가 털북숭이 공주의 손에 반지를 끼우는 장면에서, 남성성의 발달을 통해 사랑과 관계, 결합의 능력이 발달하는 것을 표현한다.

하필이면 왕자가 반지를 끼운 손가락에만 검댕이 칠해지지 않아 털북숭이의 진짜 정체가 드러난 것은 우연이 아니다. 이제 관계를 맺는 능력은 더 이상 죄책감과 수치심에 가로막히지 않는다. 남성성의 발달을 통해 자립적이고 자의식이 있는 인격이 형성되면서 성숙한 성과 사랑이 이뤄진 것이다. 검댕이 칠해지지 않은, 반지가 끼워진 하얀 손가락이 이것을 상징한다.

가해자의 잃어버린 여성성 회복하기

동화의 마지막 장면을 떠올려 보자.

1부 털북숭이 공주의 운명 : 가정에서의 성폭력

왕자가 망토를 벗기자, 금발에 아름답게 빛나는 공주의 모습이 드러났습니다. 검댕과 재를 씻어 낸 공주는 세상에서 가장 아름다웠습니다.

동화의 앞부분에서도 금발이 등장한다. 금발의 왕비가 죽으면서 털북숭이 공주의 모든 고난이 시작되었다. 동화 속의 다양한 인물이 한 사람의 여러 단면들을 표현한다는 것을 생각하면, 죽은 금발의 왕비 또한 왕의 내면을 비추는 하나의 단면이라고 볼 수 있다. 금발의 왕비가 죽으면서 왕은 내면의 한 부분을 잃었다. 이 일이 없었더라면 왕은 딸을 새 왕비로 원하지도 않았을 테고 성폭력도 없었을 것이다.

그렇다면 왕이 잃어버린 내면의 한 단면, 즉 죽은 왕비는 무엇을 상징할까? 여러 성폭력 사례 연구를 보면 많은 경우 가해자들도 어린 시절 성폭력을 당한 경험이 있었고, 그런 경험이 없더라도 자신을 죄 많고 더러운 사람으로 여기는 경우가 많았다. 이때 가해자인 남자(왕)는 잃어버린 순결을 되찾으려 필사적으로 애쓴다. 그러나 아무리 애를 써도 그것을 되찾지 못한다. 그의 삶은 고난에 짓눌려 점점 더 힘들고 견디기 어려워진다. 그러다 어느 순간 해결책을 발견한다. 순결한 사람(딸)과 결합함으로써 간절히 그리워하던 것을 다시 찾을 수 있다고 생각하는 것이다.

동화의 시작 부분에서 죽어가는 왕비가 요청한 기이한 약속도 비유적으로 이해해야 한다. 왕은 새 왕비를 들일 경우 반드시 죽은 왕비와 똑같이 아름다운 금발의 여자를 찾겠노라 약속했다. 순결한 몸과 결합함으로써 자신이 죄 많고 더러운 사람이라는 트라우마를 지워야 하기 때문이다. 이것이 불가능하다는 것은 불 보듯 뻔하다. 동화에서 고문관들로 상징되는 양심이 반대의 목소리를 내지만, 있어선 안 되는 '해결책'이 강행된다.

그러나 강행 이후 인격은 더 피폐해지고 결국 내적 평화에 대한 갈망만 더욱 커진다. 자신은 죄 많고 더러운 사람이라는 생각이 깊게 뿌리내리며 순결에 대한 갈증만 깊어지는 것이다. 아동 성폭력 범죄자는 대부분 이런 갈망에 중독된 상태라 처벌을 아무리 강화해도 쉽게 욕망에 굴복하고 만다.

공주의 아버지는 자신이 문제의 해결책을 갖고 있다는 걸 알지 못한다. 그는 이 해결책을 외부에서만 찾으려 하기 때문에 결국 돌이킬 수 없는 선택을 하고 만다. 당연히 마음의 상처를 없애는 직접적이고 확실한 방법은 존재하지 않는다. 치유는 오직 내면에서 시작되기 때문이다. 가해자는 자기 안에 있는 여성성을 발달시켜야 한다. 피해자가 남성성을 발달시켜야 하는 것처럼 가해자는 여성성을 발달시켜야 균형 잡힌 성숙한 인격이 발달할 수 있다.

결코 피해자에게 넓은 아량으로 가해자를 이해하라는 말이 아니다. 그는 틀림없는 범죄자이고 순진한 아이를 괴롭히고 학대하고 상상도 못할 해를 입힌 파렴치한 어른이다.

수많은 아이들에게 성폭력을 일삼았던 한 성직자가 수년간의 수감 생활을 마친 후 심리 치료를 시작했다. 그는 걱정스러운 표정으로 치료사에게 이렇게 물었다.

"정말 나를 치료할 수 있겠습니까? 치료는 어떻게 진행됩니까? 누구보다 순결하고 도덕적이어야 할 성직자인 제가 변태적인 행위를 저질렀습니다. 이런 제가 혐오스럽지 않습니까?"

그의 말에 치료사가 대답했다.

"당신 안에 있는 상처받은 아이를 제가 사랑할 수 있게 된다면, 저는 당신을 치료할 수 있습니다."

치료사의 대답은 전체적인 치료의 방향을 제시한다. 어쩌면 피해자였을지도 모를 가해자가 수행해야 할 과제가 바로 이것이다. 내 안에 있는 상처받은 아이 사랑하기. 내적 치유의 과정으로 자신의 순결함을 되찾기 위해 노력하는 것이다.

내적 성장을 위한 과제 : 의미 찾기

모든 인간은 자신에게 닥친 불운과 고난에 직면할 때 인생의 중요한 한걸음을 뗀다. 어린 시절 가혹한 비극에 직면했던 사람들이나 잘못한 것도 없이 부당하게 깊은 죄책감에 빠져 고통받고 있는 사람들에게 거기에서 벗어나는 한걸음은 특히 중요하다.

작가 블레인 요건슨Blaine M. Yorganson이 『기념비』라는 책에서 운명의 의미를 설명했는데, 이 글이 고난에 처한 사람들에게 안내 표지판 역할을 할 수 있을 것 같다. 나는 이 글이 너무나 마음에 들어서 액자로 제작해 병원 진료실에 걸어 두었다.

> 신은 아이들을 세상에 보내기 전에 각자 안고 갈 문제 보
> 따리를 직접 고르게 했다. 신은 미소 지으며 이렇게 약속
> 했다.
> "이것은 오로지 너의 것이다. 어느 누구도 이 문제가 너에
> 게 가져다 줄 축복을 빼앗지 못할 것이다.
> 그리고 이 문제가 너에게 도움이 되도록 하는 특별한 재능
> 과 능력은 오로지 너에게만 있다.
> 이제 세상에 태어나 유한한 존재가 되어라. 내가 너를 한
> 없이 사랑한다는 것을 잊지 마라.
> 내가 너에게 준 문제들은 나의 한없는 사랑의 징표다. 네
> 가 그 문제들의 도움으로 삶에 세우는 기념비는 나에 대
> 한 너의 사랑의 징표다.
> ―아버지로부터."

살면서 만나는 고난을 어떻게 대하는 것이 의미 있는 자세일
까. 그것은 고난을 성장의 과제로 받아들이는 것뿐이다. 운명에 저
항하는 한 치유는 불가능하다. 그러나 운명을 받아들일 때 비로소
그 운명에서 벗어날 수 있다.
  '왜 하필 내게 이런 힘든 일이 닥쳤을까?' 이런 물음에는 대답
이 없다. 어떤 가정에서 태어날지, 어떤 환경에서 자랄지, 어떤 시대

를 살아갈지, 어떤 부모를 만날지는 모두 우연이다. 사헬 지역Sahel Zone*에서 태어난 아이들은 생필품 부족이라는 문제를 겪기 쉽다. 서구 문화권의 대도시에서 자라는 아이들은 마약 중독이나 범죄자가 될 위험에 노출될 가능성이 높다.

인간은 그냥 이 세상에 태어난다. 태어나고 싶었는지 아닌지 아무도 따지지 않는다. 그러나 인간은 이 세상에서 자신을 상대화하여 스스로 물을 수 있는 유일한 생명체다.

'이건 왜 해야 할까?'

'출근은 왜 해야 할까?'

'집은 왜 지어야 하지?'

'복권은 왜 살까?'

인간은 꼬리에 꼬리를 물고 질문을 던질 수 있다. 그리고 존재의 의미도 물을 수 있다.

'나는 왜 사는가?'

'내 삶의 의미는 무엇인가?'

'살면서 정말 중요한 건 무엇인가?'

다른 사람들에 비해 너무 가혹한 운명을 타고났다고 느끼는 사람에게는 존재의 의미를 묻는 질문이 특히 날카롭게 꽂힌다. 그리고 즉각적으로 이런 의구심이 생긴다.

---

*아랍어로 가장자리라는 의미인데, 동서의 길이가 6,400km, 남북의 최대 폭이 290km에 달하는 초원이다. 이 지역은 여름에는 습한 남서풍이, 겨울에는 건조한 북동풍이 불어오는데, 계속되는 가뭄과 무분별한 개간으로 점차 황폐해지고 있다.

'왜 하필 나에게 그런 일이 벌어진 걸까?'

'그 사람은 어째서 내게 그런 짓을 했을까?'

'내 영혼은 왜 그런 일들을 겪어야 했을까?'

왜냐고 묻는 질문들은 출구가 없는 것처럼 보이는 절망 속으로 계속해서 우리를 이끈다. 이런 질문에는 대답이 없다. 성폭력 같은 행위에서 도대체 무슨 의미를 찾을 수 있겠는가!

심리 치료사로서 그동안 환자들을 만나면서, 인격 발달 과정이 고통을 뚫고 제 길을 찾기 시작하면 이런 질문들이 서서히 등장하는 것을 자주 봐 왔다.

심리적 장애에서는 '왜 하필이면 이 증상이 내게 생겼을까?'를 묻는 것이 매우 중요하다. 중독 환자는 자신에게 물어야 한다.

'나는 무엇에 의존하는가?'

마약을 끊는 것만으로는 부족하다. 마약 뒤에 숨어 있는 심리적 구속, 예를 들면 해결되지 않은 부모와의 문제를 깨닫고 그것부터 치유해야 한다. 또한 심신 상관 질환에서도 이 질환을 일으킨 근본적인 원인을 밝혀야 비로소 질환이 의미하는 메시지를 이해하고 치유할 수 있다.

성폭력의 경우에는 이런 질문이 혼란을 일으킬 수밖에 없다. 수많은 피해자들이 스스로에게 수도 없이 묻는다.

'왜 하필 내가 이런 고통스러운 경험을 해야 했을까?'

이 질문에는 출구가 없다. 피해자들은 지금도 잘못한 게 없고 그때도 마찬가지였다.

의미를 묻는 질문에 대한 대답은 공주와 왕자의 결혼식에서 드러난다. 둘의 결합은 사랑하고 사랑받는 능력을 되찾았다는 뜻이다. 그러므로 이런 문답이 가능하다.

'삶의 (진짜) 의미는 무엇인가?'

아픈 상처와 고난에도 불구하고 사랑하고 사랑받는 능력을 키워야 한다. 자신을 사랑할 수 있을 때 비로소 다른 사람도 사랑할 수 있다. 자신을 사랑할 줄 아는 사람만이 사랑을 줄 수 있고 사랑을 받아들일 수 있다(이것은 특히 중요하다). 자신을 사랑할 줄 모르는 사람은 사랑을 받아도 그것이 순전히 자기만을 위한 사랑이라고 믿지 못하기 때문에 그 마음을 순수하게 받아들이지 못한다. 사랑의 파괴를 치유할 수 있는 유일한 길은 사랑을 다시 찾는 것이다. 「털북숭이 공주」가 전하는 메시지도 바로 그것이다.

삶의 의미를 묻는 질문에 답할 사람은 오로지 자기 자신뿐이다. 심리 치료사도 현자도 전문가도 아니다. 누구도 답을 대신 찾아줄 수 없다. 자신의 고통스러운 트라우마와 직접 대면할 때 그 의미도 찾을 수 있다. 고난은 의미를 발견하라는 무의식의 간절한 요청이다.

가해자를 용서해야 할까?

성폭력 피해 생존자가 가해자를 용서해야 할까? 대답은 명확하게 "그렇다"여야 한다. 그러나 정말로 용서가 가능할 때 해야 한다!

앞에서 설명한 바와 같이 많은 성폭력 피해 생존자들이 분노나 증오, 화를 제대로 표출하지 못한다. 이런 감정들은 너무나 철저히 외면되어 아예 느껴지지 않을지도 모른다. 희생자 콤플렉스에서 벗어나기 위해서는 (자신을 방어하고 자신의 욕구를 돌보는 법을 배우기 위해서는) 그리고 치유와 인격 발달을 위해서는 반드시 분노나 증오, 화 같은 감정을 건설적으로 다뤄야 한다. 성폭력으로 손상된 이런 중요한 영역을 회복할 때 비로소 치유가 가능하다.

증오심은 그 가치를 인정받아야 마땅한 유용하고 정당한 감정이다. 내면의 거칠고 불편한 진짜 감정을 대면하기 위해서라도 꼭 필요한 감정이다.

털북숭이 공주가 왕자와 결혼하기 위해서는 먼저 자신의 정체를 가렸던 검댕을 모두 씻어 내야만 한다. 자신과 타인에 대한 어두운 감정에 가려진 '사랑할 줄 알고 사랑받아 마땅한 인격'을 화와 분노로부터 해방해야 한다. 증오하는 것과 증오에 사로잡혀 사는 것은 다르다. 증오에 사로잡힌 사람은 용서도 할 수 없다. 제대로 증오할 줄 아는 사람만이 용서도 할 수 있는 것이다!

피해자들 대부분은 가해자를 결코 용서하지 않겠다고 말한다. 이때 그들이 느끼는 증오심은 결코 용서하지 않겠다는 이른바 복수심이다. 가해자에 대한 용서를 자신에 대한 배신으로 느끼기 때문이다. 그러나 이런 생각은 아무런 변화도 가져오지 못하기 때문에 장기적으로 봤을 때 문제가 된다.

1부 털북숭이 공주의 운명 : 가정에서의 성폭력

변함없는 증오는 해결책이 아니라 오히려 문제를 악화시킨다. 증오심에 사로잡힌 사람은 가혹해지고 신랄해지고 병들어 간다. 그들은 결국 자신에게 몹쓸 짓을 저질렀던 가해자에게 계속 종속된 채로 살아가고, 이것은 결국 깊은 증오와 분노의 창끝을 다시 자기 자신에게 겨누는 꼴이 된다.

이런 격한 감정을 허락하려면 강한 내적 저항을 이겨내야 한다. 이때 성폭력 피해 경험과 같은 강도의 고통과 두려움을 느끼고 당시의 분리된 감정에 다시 휩싸일 수 있기 때문이다. 이것은 분명 고통스러운 과정이지만 직면해야 하는 과정이기도 하다. 그러나 앞에서 확인했듯이 이것은 내면의 왕국에 도달한다는 뜻이다.

심리 치료는 증오심을, 특히 성폭력 피해 생존자의 경우에는 강한 혐오감을 허락할 수 있도록 돕는다. 바로 이런 감정 안에 변화의 열쇠가 숨어 있기 때문에 감정을 허락하는 것은 마음을 치유하는 데 대단히 중요하다. 우리는 여러 치유 기법과 다양한 과정을 통해 안전한 공간에서 트라우마를 치유할 수 있게 된다.

트라우마 환자들은 매우 예민해서 치료를 받는 도중 또다시 과도한 스트레스를 받을 위험이 있다. 그러므로 트라우마를 직면하는 과정은 조심스럽게 이루어져야 한다. 중증일 경우에는 입원 치료가 불가피하다. 그러나 어떤 형태의 치료든 고통이 따를 수밖에 없다.

치료는 '상상 과정'으로 시작된다. 피해자들은 편안한 분위기에서 먼저 상상만으로 사건을 그려 본다. 예를 들어 그들은 필요할 땐 언제든 돌아갈 수 있는 안전한 피신처를 상상 속에 만들어 둔다. 그리고 감당하기 힘든 사건에서 거리를 두고, 더 나아가 내면의 상을 축소하거나 확대함으로써 비극적 사건과의 거리를 마음대로 조절하는 법을 배운다.

내면의 상을 축소하면 공포도 작아진다. 훈련을 통해 다양한 상상 기술을 익히는 것이다. 내면의 상을 더 능숙하게 조절할 수 있게 되면 그만큼 스트레스도 줄어들 것이다.

현재 EMDREye Movement Desensitization and Reprocessing 요법*은 효과적인 치료 기술로 인정받고 있다. 미국의 심리학자 프랜신 셔피로Francine Shapiro 박사는 산책을 하던 중, 안구 운동을 통해 부정적이고 기분 나쁜 생각을 감소시킬 수 있다는 사실을 우연히 발견했다. 이것은 아주 단순한 기술이다.

환자는 자기 얼굴 앞에서 좌우로 움직이는 치료사의 손가락을 눈으로 좇으며 비극적 사건을 떠올린다. 손가락 만지기, 책상 두드리기, 소음 등의 자극 역시 스트레스를 덜어 주는 효과를 낸다. 신체적 자극이 같이 전달되면 고통스러운 생각이 더 수월하게 통합된다. 내면의 상과 언어는 서로 다른 뇌 영역에서 작동한다. EMDR은 다른 영역에서 일어난 자극들을 뇌에 동시에 전달함으로써 다양한 뇌 영역의 '협력'을 개선하는 데 공헌한다. 환자들은 EMDR 요법 후에 비극적 사건에 대해 훨씬 더 쉽게 설명할 수 있었다.

• 안구 운동 민감 소실 및 재처리 요법. 안구를 좌우로 움직여 양측성 자극을 주면서 특정 기억을 소환하고 재처리하는 과정을 통해 과거의 트라우마와 스트레스성 기억을 다루는 치료 기법.

EMDR 요법은 단순한 기술이지만 반드시 전문 교육을 받은 심리 치료사가 시행해야 한다. 이 기술을 잘못 사용할 경우 오히려 감정 상태가 악화될 수 있기 때문이다.

트라우마가 생길 정도의 큰 사건을 경험한 사람들은 훗날에도 '악몽'에 시달리는 경우가 많다. 그래서 잠들기를 두려워하고, 결국 불면증이 생기면서 정신에 심각한 해를 입는다. 악몽은 '상상 리허설'로 치유를 시작해 볼 수 있다. 환자는 자주 꾸는 꿈의 결말을 해피엔드로 만들어서 하루에도 몇 번씩 그 꿈을 상상해야 한다. 말하자면 해피엔드인 '백일몽'을 계속 꾸는 것이다. 몇 번만 연습해 봐도 위협적인 악몽이 조금씩 걷힐 것이다.

스타니슬라프 그로프Stanislav Grof의 '환생 요법Rebirthing'이라고도 불리는 홀로트로픽 호흡 요법은 내면 깊은 곳에 숨어 있는 갈등을 의식하게 하는 기술이다. 전문가의 도움을 받아 특별한 호흡을 하며 환자들은 안전한 상황에서 트라우마를 새롭게 경험한다. 대단히 고통스럽고 힘겨운 과정이지만 많은 환자들이 이 과정 후에 큰 안도감을 느낀다. 그리고 이후 이어지는 진짜 호흡 요법에서 대부분의 환자들은 뚜렷한 개선을 보이고 상담 치료도 훨씬 수월해진다.

'게슈탈트 심리 치료'를 통해서는 손상된 인격과 만날 수 있다. 이때 역할극이 큰 도움이 되는데, 가해자가 없는 상태에서 문제를 집중적으로 조명할 수 있기 때문이다. 사이코드라마도 비슷한 방식으로 치료에 도움이 된다. 치료 공동체에서 다른 환자들이 특정 인물이나 손상된 인격 역을 맡아 내적 갈등을 재현한다. 그러면 환자는 훨씬 수월하게 자신의 문제와 만날 수 있다.

밀턴 에릭슨Milton Erickson의 '의료 최면' 역시 성폭력 트라우마를 치유하는 효과적인 방법으로 인정받는다. 상상과 최면 상태에서 트라우마를 경험하여 분리된 인격 조각들을 다시 하나로 합치는 것이다.

알렉산더 로언Alexander Lowen의 '생체 에너지 요법Bioenergetic therapy'은 신체를 통해 영혼을 치료하는 방법으로, 특정한 신체 훈련을 통해 억눌린 감정을 풀어낼 수 있다. 심리 치료에서 신체적 연결은 늘 중요한데, 상담만으로는 트라우마 영역에 충분히 도달하지 못하기 때문이다.

대니얼 카스리엘Daniel Casriel의 '본딩 심리 치료Bonding psycho-therapy'는 주로 울부짖음이 동반되는 격렬한 감정 표출을 하도록 유도한다. 환자들은 크게 소리를 지름으로써 분노와 혐오, 증오를 폭발시키고 마음이 한결 후련해지고 가벼워지는 것을 느낀다.

많은 경우 성에 대한 자기 결정력을 키우도록 돕는 '성 치료Sex therapy'가 불가피하다. 많은 성폭력 피해 생존자들이 도저히 성관계를 할 수 없는 감정 상태이면서도 스스로 받아들여야만 한다거나 해야만 한다고 생각한다. 그러다 보니 병원에서 환자들이 '성 치료'의 필요성을 인지하게 될 때 언제나 약간의 수치심을 느낀다.

일상의 갈등을 해소하고 만족스러운 성관계를 가지기 위한 치료는 장기적인 과정이 될 수밖에 없다. 다행히 이 치료는 시간이 지날수록 두려움이 줄어들며 수월해진다.

과연 인간은 언제 충분히 슬퍼했고 언제 한 주제에 충분히 몰두했을까? 나는 "결국 의식儀式이 필요하다"라고 답하고 싶다. 서구 문화에는 삶의 한 단계를 마무리하고 새로운 단계를 맞이하는 의식이 별로 없다. 예를 들면 부모의 품에서 벗어나 어른이 되는 과도기를 잘 넘기게 해 주는 이른바 사춘기 의식을 찾기 힘들다. 그 결과 많은 사람들이 어른이 되어서도 여전히 부모에게 종속된 기분을 느낀다. 사랑하는 사람의 죽음에 대한 애도 역시 끝내지 못하는 경우가 많다. 그래서 슬픔의 어두운 그림자가 삶을 덮어 버리곤 한다.

이와 관련해서 영국의 심리학자 필리스 크리스탈Phyllis Krystal은 많은 고통과 상처를 준 가해자로부터 영원히 벗어나게 해 주는 일종의 백일몽 의식을 개발했다.

성폭력 같은 무거운 트라우마는 기본적으로 한 가지 치료법만으로는 치유되기가 힘들다. 여러 층위로 형성된 복잡한 장애인 만큼 모든 존재 영역을 깊이 고려하는 다양한 치료법을 적용해야 한다.

치료의 목표는 자기 자신, 그리고 타인과 화해하여 사랑하고 사랑받는 능력을 발달시키는 것이다. 이것은 아주 먼 길이다. 동화에서처럼 어려운 과정들을 거쳐 마지막에야 비로소 진정으로 사랑할 수 있고 관계를 맺을 수 있게 된다. 그리고 여기에 도달했을 때에야 용서도 가능해진다. 성급한 용서는 고통, 분노, 두려움, 증오, 혐오와 대면하지 않기 위한 위선일 수 있다. 그러면 희생자 콤플렉스는 그대로 남고, 동화 속 상징처럼 털북숭이 공주는 다시 계단 아래 벽장으로 돌아가 계속해서 하찮은 존재로 힘겹게 살아야 할지도 모른다.

충격적인 사건, 삶의 위기, 생명을 위협하는 질병은 큰 고통을 주지만, 한편으로는 영적 성장을 위한 기회가 되기도 한다. 동화에서 사랑하는 사람과의 결합은 인간과 초월적 존재(거룩한 존재, 우주, 신 등)의 결합을 상징하기도 한다. 영적 차원의 이해는 자기 존재에 대한 깊은 이해를 이끌고, 종종 우리 삶을 구원한다.

그러나 자신의 고유한 정체성을 알아가는 치유의 과정에서 도망칠 위험도 있다. 잔인하고 비정한 현실에서 형이상학 세계로 도망치는 것은 중독성을 띄기 때문에 새로운 중독이 생길 수도 있다.

인간의 인격은 다양한 영역을 포함한다. 가령 부부의 문제를 '명상'으로 치유하려고 한다면 피상적으로만 다룰 위험이 크다. 이때는 오히려 부부 상담 치료를 받거나 부부 간 대화법을 배우는 것이 더 낫다. 그리고 성적 장애는 보통 관련 치료를 받는 것이 가장 좋다. 결국 장애나 문제가 생긴 실재적 영역을 먼저 파악하는 것이 가장 중요하다.

물론 명상이 마음의 중심을 찾는 데 도움이 될 뿐 아니라, 안전하게 보호받는 보편적 감정을 경험하고 장기적으로 본질적인 안정감을 갖는 데 보탬이 될 수는 있다. 잘 알다시피 명상은 인간적인 존재를 초월적이고 영적인 영역으로 이끄는 한 방법이기 때문이다.

동화는 결론 부분에서 멋지게 처음으로 돌아간다. 죽을 수밖에 없었던 금발의 왕비는 털북숭이 공주 안에서 계속 살아간다. 희생자 콤플렉스로 도망치는 공주를 붙잡고 삶의 가치를 만든 내면의 왕자가 치유에 반드시 필요한 새로운 결백과 순결의 감정으로 이끈다. 여기서 우리가 기억해야 할 것은 자기 자신을 진정으로 용서할 때 비로소 다른 사람도 용서할 수 있다는 분명한 사실이다.

동화는 비유의 언어로 영혼에 희망을 줄 수 있다. 「털북숭이 공주」의 분석을 통해 성폭력 피해 생존자들이 치유의 길로 들어설 수 있기를 바란다.

2부

가정에서 일어나는
또 다른 폭력

부모의 잘못된 기대와 요구보다 언제나
아이 자신의 고유한 삶이 더 중요하다는 것을 인식해야 한다.
그러기 위해서는 죄책감을 극복해야 한다.
그리고 무엇보다 그동안 겪은 고통에 대해 충분히 슬퍼할 수 있어야 한다.
이것이야말로 자신의 고통을 이해하고 풀어내는 과정이라고 할 수 있다.

정서적 학대

'가정 폭력'에 대해 논하려면 성폭력과 더불어 정서적 학대라는 주제를 빼놓을 수 없다. 정서적 학대의 뿌리는 다양하고, 여러 형태가 동시에 나타나기도 한다. 가정에서의 정서적 학대는 언제나 막대한 성격 장애를 불러오고 성폭력과 유사한 결과를 낳기도 한다. 이러한 정서적 학대는 오로지 아버지나 어머니 혹은 둘의 욕구를 채우려 들 뿐 아이의 욕구는 철저하게 등한시하면서 발생한다. 부모와 자식 사이에 종속 관계가 생기고, 이것은 앞에서 이야기한 것처럼 희생자 콤플렉스를 싹 틔운다. 이러한 관계 손상은 '사회 유전'의 형태로 다음 세대로 대물림된다. 부모는 아이가 의식적으로든 무의식적으로든 본받고 나중에 어른이 되어서도 유지하게 될 행동 방식의 본보기이기 때문이다. 또한 부모 자식 관계의 손상은 깊게 각인되는 성격 장애, 심신 상관 질환, 중독 질환을 일으키기 쉽다.

불행의 위협

불행한 가정 환경은 아이의 심리적 균형에 큰 균열을 가져온다. 일반적으로 이런 환경에서 자라다 보면 어려서부터 자기는 없고 오로지 남을 위해 희생하는 사람이 되기 쉽다. 그리고 이 역할이 평생 고착될 수도 있다.

보통의 경우라면 아이는 가정의 불화를 없애고 부모의 사랑을 받기 위해 노력한다. 예를 들어 어머니가 아프면 아이는 어머니를 잃을까 두려워 그 상황에서 자신이 할 수 있는 모든 것을 하려고 한다. 어머니를 보살피고 집안일을 도맡아 하고 때에 따라서는 아직 어린 나이임에도 동생을 돌본다. 아이는 이렇게 하면서 특별한 존재감을 느낀다.

'엄마에게는 내가 꼭 있어야 해. 난 중요한 사람이야.'

그래서 아이에게는 부모의 건강이 가장 중요한 일이 된다. 아이는 자기가 원하는 것을 참고 모든 것을 아픈 사람에게 맞춘다. 그러다 보면 아이의 본능적인 욕구, 이를테면 시끄럽게 웃고 떠들고 뛰고, 부모에게 응석을 부리고, 부모의 한계를 시험하고, 자신의 욕구를 가장 우선시하는 행위 등등 건강한 발달을 위해 꼭 필요한 모든 행동 방식이 억눌리게 된다.

아이가 부모에게 투정을 부리고 반항하는 것은 자연스러운 일이다. 그런데 부모가 아프면 아이의 이런 자연스러운 불만들은 표현을 억제당한다. '불운에 시달리는' 부모를 공격할 순 없기 때문에 마음에 공격성이 생기면 아이는 죄책감을 느낀다. 결국 화, 적개심, 공격성이 표출되지 못하고 억눌린다. 이런 감정을 느끼는 순간 양심이 즉시 신랄하게 비판할 것이기 때문이다. 예를 들어 심장병을 앓는 어머니를 속상하게 해선 안 된다. 어머니가 죽을지도 모르니까. (그러면 큰일이잖아!)

감정을 억누르는 것은 자신의 고유한 인격과 정당한 욕구를 무시하는 행위로, 건강한 자존감의 발달을 방해한다. 부모에 대한 부정적 감정의 억제는 1부에서 성폭력을 소개할 때 이미 다뤘던 주제다.

아프거나 장애가 있는 부모를 특별히 배려해야 하는 가정은 집안 분위기가 무겁고 우울하고 침울하고 부정적이기 쉽다. 이런 분위기가 아이의 정서와 자아상에 각인된다. 이런 환경에서 자란 아이들은 기쁘고 행복한 감정이 들면 죄책감을 느낀다.

'아빠(혹은 엄마)가 그렇게 힘들어하는데 어떻게 너는 행복할 수 있니!'

이렇게 아이의 양심이 즉시 스스로를 비난한다.

부모의 질병과 고통이 아이 때문이라고 무의식적으로, 혹은 공공연히 누군가 책임을 전가하면 문제는 훨씬 더 악화된다. 예를 들면 부모가 아이에게 "너는 아무도 원하지 않는 아이였다"거나 "아무 짝에도 쓸모없다"거나 "아무도 좋아하지 않는 아이"라고 얘기할 때

　　　　　　　2부 : 가정에서 일어나는 또 다른 폭력

가 있다. 이 말 속에는 "이제부터 부모의 행복을 위해 더 열심히 노력해라"는 요구가 담겨 있다. 이때 부모의 속마음은 대략 이렇다.

'내가 이렇게 힘든 건 모두 너 때문이야. 그러니 적어도 내가 괴롭지 않게 네가 더 노력해야지! 부모 말 잘 듣는 착한 아이가 되어야지!'

물론 부모가 아프지 않아도 이런 태도를 가질 수 있다. 아이의 존재 자체가 힘겨운 삶을 강요하고, 재정적·직업적·개인적으로 제약을 준다고 생각하는 것이다. 또한 이런 생각을 할 수도 있다.

'모든 건 다 너 때문이야. 그러니 나는 너에게 화풀이하고 벌을 줄 권리가 있어!' '어쩜 너는 내가 가장 증오하는 네 아버지(어머니)랑 아주 똑같니?'

부모의 이런 극단적인 멸시는 온갖 짐승의 가죽으로 만든 망토가 비유하는 부정적 정서를 불러일으킨다. 이때도 아이는 심리적 장애가 있는 어른이 자신의 증오를 풀 수 있는 만만한 대상으로 악용된다. 모든 불행의 책임이 아이에게 전가된다. 불행, 고통, 질병, 불의 등 모든 게 아이 때문이라고 생각하기에 무조건 아이를 탓하는 것이 쉽고 정당해 보인다. 이것은 공공연히 벌어지기도 하지만 대개는 무의식적으로 발생한다. 그 결과 아이는 깊은 죄책감에 빠진다.

아이는 자신의 존재 가치를 찾지 못하고 어른의 지배를 당연하게 받아들이기 때문에 아이의 고유한 자아는 무시당하기 쉽다. 이때 아이의 진짜 욕구와 권리는 철저히 등한시되고 아이의 영혼은 살해된다. 아이가 가장 중요하다고 여기고 가장 깊게 연결되었다고 느끼는 사람이 열등감을 안겨 주고 복종을 강요하기 때문에 파괴력은 더 클 수밖에 없다.

불행의 위협은 평생 지속되는 의존성을 만들어 낸다. 이런 가정에서 자란 사람들은 성인이 된 후에도 권위적인 아버지나 어머니와 적절한 거리를 두지 못한다. 그러나 그들도 그 이유를 알지는 못하고 자주 양가감정을 느낀다. 이것은 기본적으로 화를 억눌러서 생긴 감정이다. 그들은 부모에게서 해방되어 자유롭게 살고 싶지만 다른 한편으로는 떨어지지 않는 거머리처럼 부모에게 밀착해서 산다. 자립적이고 자율적이고 독립적으로 살기 위해 노력할 때마다 죄책감을 느낀다. 죄책감은 그 어떤 것보다 막강해서 거대한 악마처럼 떨쳐낼 수 없는 공포를 자아낸다. 순응, 아픈 사람과의 동일시, 이해가 필요하고 이해를 요구하는 안쓰러운 부모에 대한 복종, 그것만이 마음을 진정시키고 죄책감을 약화시킬 수 있다. 견디기 힘든 죄책감에 대한 반응은 언제나 똑같다. 반복적인 순응과 굴복이다.

자신의 불행을 구실삼아 폭력과 학대를 자행하는 사람에게 화를 낼 수 없다면 이 분노는 어디로 갈까? 점점 더 강한 분노가 내면에 쌓이면서 압력 밥솥처럼 폭발력이 높아진다. 분노 제공자를 향해 분출되지 못한 에너지는 결국 다른 분출구를 찾게 된다. 이때 간혹 교대로 선택되는 두 가지 가능성이 있다.

첫 번째는 분노가 피뢰침 구실을 하는 다른 사람에게 향하는 것이다. 이것은 정당한 방법은 아니지만 당사자는 순간적으로 마음의 위안을 얻는다. 그러나 곧 제3자와 추가적인 갈등을 겪게 된다.

2부 : 가정에서 일어나는 또 다른 폭력

이때 그는 자신의 행동에 대한 해명과 정당성을 찾으려 노력하면서도 무의식적으로 죄책감을 발달시킨다. 제3자에게 터트리는 분노는 진정한 해결책이 아니며 오히려 역효과를 낳는다. 아주 잠시 마음의 위안을 얻을 뿐 금세 분노가 다시 쌓인다. 근본적인 갈등은 전혀 해결되지 않았기 때문에 압력이 높아지고 다시금 '증기 분출'이 필요해진다.

두 번째는 분노를 자신에게 분출하는 것으로, 훨씬 빈번하게 일어나는 반응이다. 이것은 우울감, 무력감, 두려움, 공황 장애, 자기 멸시, 긴장감 그리고 장기적인 스트레스로 인한 심신 상관 질환을 일으킨다. 술이나 다른 약물로 내적 갈등을 마비시키는 경우도 드물지 않다. 그러나 이 방법 역시 잠깐의 효력만 있기 때문에 부정적 감정에 저항하기 위한 중독 행위가 반복되면 결국 중독 질환이 생길 위험이 높다.

불행의 위협 속에서 자란 아이는 어른이 되어서도 감정적으로 부모에게 의존하기 쉽다. 또한 아이의 마음속에 깊이 자리한 심리적 장애는 결국 중독 질환으로 이어진다. 이런 연관성을 알아야 중독을 제대로 이해할 수 있다. 부모에 대한 근본적인 의존성이 해결되지 않으면 중독 치료는 실패할 수밖에 없다.

환자들은 근본적인 원인을 모른 채 자신의 의존성을 감지한다. 그러다 보니 그들은 자신의 지각 능력을 믿지 못한다. 그래서 '부모의 요구를 거부하고 부모와 거리를 두고 자립하고자 하는 욕구가 과연 정당한가?' '나보다는 힘들어하는 부모의 기대와 요구를 더 중시해야 하는 게 아닐까?' 하고 생각한다. 한 여성 환자가 이에 대해 다음과 같이 표현했다.

> 어머니 집에 다녀오면 언제나 기분이 나빠요. 어머니는 사사건
> 건 저를 비난하고 모든 잘못을 제 탓으로 돌려요. 어머니가 그
> 렇게 모진 말을 내뱉고 나면 저는 아무것도 할 수가 없어요.
> 스스로를 방어하지 못해요. 평정심을 유지하며 어머니에게 친
> 절하게 대하든 화를 내고 공격을 퍼붓든 결과는 똑같아요. 저
> 는 늘 공허감, 모멸감, 분노를 번갈아 가며 느껴요. 이런 감정은
> 저를 너무나도 힘들게 해서 마음을 진정시키고 다시 정상으로
> 돌아오는 데 여러 날이 걸리기도 해요. 다시는 어머니 집에 가
> 지 않겠다고 결심하지만 저도 알 수 없는 어떤 힘이 계속해서
> 저를 그쪽으로 떠미는 것 같아요.

환자들은 자신을 압도하는 부모와의 싸움에서 매번 패배감을 느낀다. 그리고 싶지 않아도 부모를 멀리할 수 없다. 그들은 보이지 않는 감옥에 갇혀 있는 셈이다.

따라서 이때는 어린 시절에 나를 늘 두렵게 했던 것이 나의 성장을 방해했고, 그 강한 힘이 어른이 된 지금까지도 계속 유지되고 있다는 것을 인식하는 것이 중요하다. 불행의 위협은 아주 일찍부터 자립심과 자율성의 발달을 방해한다. 부모의 욕구를 자신의 욕구보다 언제나 앞에 둬야 한다는 의식이 내면화되고, 그에 반할 때는 깊

은 죄책감을 갖고 삶을 긍정하는 생명 에너지를 억누른다. (공공연하게, 혹은 무의식적으로 거부당하는 분위기에서) 결국 다른 사람 때문에 괴로워하고 스스로를 억압받는 존재로 내몰면서 심한 우울증 속으로 빠져든다. 한마디로 희생자 콤플렉스가 드러난다. 성폭력 피해 생존자들이 주로 겪는 증상이 정서적 학대를 당한 아이들에게서도 나타나는 것이다.

자기 발달을 희생당해야만 했던 아이가 어른이 되어서도 똑같은 비극을 반복하는 건 어쩌면 당연한 결과다. 이들은 부정적인 관계를 반복하게 하는 상대를 무의식적으로 계속 찾기 때문이다.

지금까지는 중독 환자에게만 관심을 두었지만 최근 들어 중독 환자의 연인이나 배우자, 이른바 '공동 의존자'에게도 점차 관심을 기울이고 있다. 덕분에 공동 의존자의 역할을 더 잘 이해할 수 있게 되었고, 공동 의존자가 자신도 모르는 사이 중독 질환을 정당화한다는 사실이 밝혀졌다. 위에 설명한 역학이 한 사람의 삶에 효력을 낸다면, 그것은 공동 의존자의 특징에 해당된다고 할 수 있다. 여기 몇 가지 사례가 있다.

중독 환자:
저는 아내를 처음 봤을 때부터 저희가 결혼하게 될 거라는 걸 알았어요. 제가 그녀를 사랑해서가 아니라 그녀가 제게 무엇을 해 줄 수 있는지 잘 알았기 때문이에요. 그녀는 눈에 잘 띄지 않는 여자였지만 저를 위해 모든 걸 할 것이고, 제 방종과

방탕을 이해해 줄 것이고, 강자이고자 하는 제 소망을 채워 줄 것이고, 무엇보다 저는 그녀 곁에서 늘 안정감을 느낄 거라는 것을 한눈에 알아보았습니다.

이것은 한 중독 환자가 이기적인 자신의 삶을 돌아보며 털어놓은 이야기다. 그는 응석받이로 자랐고 그것이 결국 그를 중독 질환과 심한 관계 장애로 이끌었다. 반면 그의 아내 G는 늘 불행의 위협이 도사리고 있는 정서적 학대 속에서 어린 시절을 보냈다. 중독 환자와의 결혼 생활은 그녀가 어릴 적부터 경험해 오던 상황의 연장이었다. 그녀에게는 정서적 학대를 가하는 어머니에게서 벗어날 능력도, 폭력적인 남편에게서 벗어날 능력도 없었다.

공동 의존자 아내:
공동 의존자인 G는 혼외 자식으로 태어났고, 걷지 못하는 장애를 가지고 있는 어머니와 살았다. 어머니는 늘 기분이 좋지 않았고 자신의 운명에 괴로워하며 무의식중에 자신의 불행을 딸의 책임으로 돌리기도 했다. G가 남자 친구를 사귀자 어머니는 격렬히 반대하며 둘을 떼어 놓기 위해 별의별 수단을 다 동원했다. G는 일종의 반항심에 처음으로 어머니에 맞서 자기 뜻을 관철시켰다. 그들은 그렇게 결혼했지만, 결혼 직후부터 남편은 거의 집에서 빈둥대며 걸핏하면 아내를 때리고 학대하기 시작했다. 시간이 갈수록 상황은 더 나빠졌지만 G는 단 한 번

2부 : 가정에서 일어나는 또 다른 폭력

도 진지하게 이혼을 생각하지 않았다. 오히려 남편의 폭력에 대한 공포가 이들 사이에 주종 관계를 발달시켰다. 그녀는 뭐든지 남편이 하라는 대로 했다. 결국 그녀는 술을 마시기 시작했고 이내 술에 의존하게 되었다. 그녀는 여러 차례 여성 쉼터로 도망쳤지만 매번 남편에게 설득되어 다시 집으로 돌아갔다.

이 짧은 사례에서도 잘 나타나듯이 G의 어머니는 딸의 남자 친구가 남편감으로 적합하지 않고 그들의 결혼 생활이 결코 순탄치 않으리란 걸 확신했다. 그러나 딸이 그런 남자를 배우자로 고르게 된 원인이 자신에게 있다는 사실, 즉 딸을 무시하고 죄책감을 주입시켰던 자신의 정서적 학대 때문이라는 것은 알지 못했다. 그러므로 G는 어머니로부터 어떤 도움이나 격려, 지지도 기대할 수 없었다. 여기 또 다른 사례가 있다.

A의 가정은 아버지의 알코올 의존증이 문제였다. 희생자 콤플렉스가 있던 어머니는 알코올 의존자인 남편의 폭력을 감내하며 살았다. 어머니는 폭력적인 남편으로부터 세 아이를 보호하기 위해 최선을 다했고, 이내 맏딸인 A에게 의지하며 모든 근심을 털어놓기 시작했다. 말하자면 맏딸이 남편을 대신한 것이다. 어머니와 딸의 관계는 늘 친밀했고 이상할 정도로 갈등이 없었다. 그러나 A가 결혼을 하게 되면서 관계에 균열이 생기기 시작했다. 어머니는 심리적 요인으로 심장 발작을 일으켰고, 그

것을 무기로 자신에게서 벗어나 자유로워지려는 딸을 압박했다. A는 결혼 생활 내내 남편에게 이혼을 당하지 않을까 불안해했다. 그리고 결국 어머니가 그랬던 것처럼 무조건 남편의 비위를 맞추기 시작했다.

이 사례에서 앞으로 더 자세히 살펴봐야 할 또 다른 형식의 가정 폭력이 명확히 드러난다. 바로 '배우자 노릇을 해야 하는 아이'다.

'대체 배우자'가 되어야 하는 아이

부부 관계가 좋지 못하면 아이가 배우자를 대신해야 하는 관계 패턴이 언제든 형성될 수 있다. 전문가들의 말에 의하면 실패한 부부의 절반만이 이혼을 한다. 수많은 가정에서 배우자가 채워 주지 못하는 감정적 결핍을 아이가 메워야 한다. 편부모 역시 자신의 애정 욕구를 자식에게 채우게 할 위험이 있다.

아이가 배우자를 대신하게 되면 관련된 사람들 모두가 예기치 못한 불운한 발달을 겪게 된다. 딸과 아버지, 혹은 아들과 어머니의 관계가 과도하게 밀착되면 부모 자식 관계에서 매우 중요한 경계가 사라진다. 부모의 사랑과 부부의 사랑은 반드시 구별되어야 한다. 부부는 공동의 인생 목표를 실현하기 위해 정도의 차이는 있겠지만 지속적인 연결을 지향한다. 그러나 부모 자식 관계는 언제나 자립하도록 놓아줄 준비가 되어 있어야 한다. 말하자면 사랑하기에 보내주는 것이다. 부모는 자식을 놓아주어야 하기 때문에 배우자 대신 자식에게 의지했던 사람은 어쩔 수 없이 '대체 배우자'를 잃게 된다. 이것에 대해 거의 모든 부모가 이론적으로는 동의한다. 그러나 실질적으로는 자식의 권리를 결코 인정하지 않으려 하고 자식에게 예속과 절대복종을 요구하는 부모도 있다.

1부에서 성폭력을 다룰 때, 자식을 성적 파트너로 악용하는 노골적인 폭력 사례를 살펴보았다. 그러나 배우자가 채워 주지 못하는 감정적 결핍을 자식에게서 채우려는 것 역시 똑같은 폭력이다. 폭력의 대상이 신체가 아닌 정서라는 것만 다를 뿐이다.

이런 부모 자식 관계에서는 특히 아이의 인격이 착취된다. 아이는 오로지 부모의 친밀감과 스킨십 욕구를 채우기 위한 존재로 전락한다. 이런 부모는 부모 자식 간에 관계가 과도하게 밀착될 때만 아이의 고유한 인격 발달을 허락한다. 아이에게 응석을 허락하지만, 경계를 만들고 관계를 위협하는 행동을 할 때는 가혹한 벌을 내리며 아이를 엄격하게 조종한다. 아버지(어머니)는 자신의 목표를 관철시키기 위해 막대한 권력을 이용해 은근히 혹은 노골적으로 아이의 진짜 욕구를 막는다.

이때 아버지(어머니)는 모든 게 다 아이의 행복을 위해서라고 말한다. 이 때문에 아이는 심리적으로 혼란에 빠진다. 부모가 최선을 다해 자식을 돌보는 증거처럼 표현하는 자식에 대한 과도한 우려나 걱정은, 사실 자식을 의존적이고 순종적이고 기꺼이 희생하는 아이로 만들기 위한 위장이다. 부모는 희생이라는 가면을 쓰고 관계 상실에 대한 자신의 두려움과 싸운다. 이런 위장은 결국 아이에게 깊은 불안감을 심어 주고, 아이는 부모가 암시한 것과 자신의 감정이나 지각이 일치하는지 계속해서 살피게 된다.

부모와의 과도한 밀착 관계는 아이의 중요한 발달 과정을 방해한다. 특히 자립에 대한 자신감이 충분히 발달하지 못하게 한다. 감정적 결핍을 겪는 부모는 오랫동안 아이 곁에 머물기 위해 아이의 내면 깊은 곳에 대략 이런 내용을 주입한다.

'너는 나 없이 못 살아. 넌 내가 필요해. 너는 절대 혼자서 살 수 없어!'

이런 식으로 내적 제동 장치가 생기면 어른이 되어서도 극복하기 어렵다. 교묘한 폭력과 함께 오랜 세월에 걸쳐 각인된 암시가 결국 현실이 될 수 있다. 아이는 암시된 것을 믿을 수밖에 없고, 점점 저항력을 잃어가며 부모에게 의존하게 된다.

교묘한 협박과 제한, 구속이 동반된 부모의 압박이 완벽하게 기능하기 때문에, 어른이 되어서도 부모의 품을 벗어나지 못해서 연애나 결혼이 불가능할 수도 있다. 성인이 되어서도 계속 부모와 같이 살고, 심지어 부모와 같이 자고, 미래에 대한 전망도 부모를 중심으로 그리게 된다. 그 결과 심신 상관 질환이 나타나기 쉽고, 알코올 의존증이나 다른 중독 질환, 더 나아가 암도 발병할 수 있다. 가장 흔하게 나타나는 것은 알코올 의존증이다.

나는 중독 환자를 치료하면서, 환자의 중독이 재발하면 오히려 그 부모가 더 관대하게 받아들이는 것을 숱하게 봐 왔다. 심지어 그들은 배우자 노릇을 대신해 주는 자식을 포기하고 싶지 않아서 공공연하게 혹은 은밀하게 중독의 재발을 독려하기도 한다. 치료를 통해 문제가 드러나고 환자들이 자립을 독려받기 때문에 그들은 지금껏 지켜 온 관계가 깨질까 봐 위협을 느끼는 것이다.

이런 부모를 둔 사람이 '부모라는 감옥'에서 벗어나고자 찾는 거의 유일한 탈출구는 결혼이다. 이들 대부분이 집착하는 부모에게서 혼자 힘으로 벗어나지 못한다. 그래서 자신을 구원해 줄 사람을 찾는다. 그러나 이런 식의 탈출은 근원적 문제인 의존성을 해결하지 못하기 때문에 결국 의존의 대상만 바꾸는 셈이 된다.

아이들은 가정에서 관계가 작동하는 방식을 배운다. 더 정확히 말하면 가정에서 보고 배운 것을 나중에 결혼 생활에서 비슷하게 반복한다. 아이는 모든 것을 통제하고 집착하고 소유하려는 부모의 태도를 정상적인 것으로 여기고 나중에 연인이나 배우자와의 관계에서도 이런 밀착 관계를 유지하려 애쓴다. 안정감과 관계 상실에 대한 두려움으로 다시 과도하게 밀착된 의존적 관계가 형성되는 것이다. 예를 들어 관계에 전혀 위협이 되지 않는 완전히 무해한 상황에서도 강한 질투심을 느낀다. 이렇듯 부모의 집착과 질투는 자식의 결혼 생활에 심각한 영향을 미치게 된다.

부모의 배우자 노릇을 해야 했던 사람은 자존감이 낮다. 그래서 결혼을 한 후에도 자신이 배우자로서 자격이 있는지 늘 불안해한다. 또한 그들은 희생자 콤플렉스를 갖고 있기 때문에 자립성과 자의식, 자기주장을 발달시키지 못한다. 당연한 결과로 결혼 생활에서 동등한 권리를 가진 남편이나 아내가 아니라 어린아이처럼 상대에게 의존하게 된다. 애착 관계를 유지하기 위해 안달할수록 상대방은 방어적으로 반응하고, 이러한 반응은 관계 상실의 두려움을 강화시킨다. 소유욕과 집착에 대한 상대방의 방어 반응을 '거부'로 느끼게 되면 관계 상실의 두려움이 더 커진다. 그러면 더 필사적으로 집착하게 되고 상대방의 방어 반응 또한 더 강해지면서 악순환이 계속된다. 결국 관계는 깨지고 만다. 부모는 속으로 이것을 은근히 반긴다.

'내가 이럴 줄 알았어. 그러게 내가 뭐랬어! 걔는 안 된다고 했잖아. 처음부터 내 말을 들으면 좋았잖아.'

앞에서 밝혀졌듯이 이들은 부모의 집착에서 벗어나기 위해 다른 사람에게로 탈출한다. 이들은 혼자 힘으로 부모에게서 벗어날 수 없고, 더 강한 사람의 도움을 받아야 한다고 느낀다. 이때 연인이나 배우자가 이 임무를 맡게 된다. 이렇게 맺은 관계가 실패하면 다음 의존 대상을 찾게 되고, 이때부터는 같은 행동 방식을 되풀이할 뿐이다. 집착하는 부모라는 근본적 문제는 그대로이기 때문이다.

부모의 병적인 집착과 밀착은 자식이 결혼 생활을 하는 동안에도 지속된다. 아직 미성숙한 배우자로서 결혼 생활을 유지해야 하는 어려움에 더해 여전히 자식을 포기하지 못한 부모의 부당한 요구가 추가된다. 부모는 계속해서 자식의 죄책감을 자극하며 밀착된 관계를 강요하려 한다.

"내가 널 어떻게 키웠는데! 나는 오로지 네가 잘되기만을 바랐다! 네가 나를 모른 척한다면 무슨 일이 벌어질지 곧 알게 될 거야."

위협과 질책, 강압 등 순응을 강요하는 여러 압박 수단은 의식적으로든 무의식적으로든 투입된다. 어린 시절부터 순응을 강요당하며 내재되어 있던 죄책감이 인격에 파괴적 흔적을 남긴다. 게다가 죄책감에는 극단적으로 흐르기 쉬운 부정적인 에너지가 들어 있다. 죄책감이 일으키는 내적 혼란을 극복하는 것은 특히 어렵다. 환자를 치료할 때 막대한 격려와 지지를 주어도 가장 극복하기 힘든 것이 바로 죄책감이다.

"무엇을 따르는 것이 옳은가? 이것이 나의 입장과 자립, 진짜 감정(이것이 치료 과정에서 처음으로 발견되는 경우도 많다)일까, 아니면 집착하는 부모의 요구일까?"

이제부터 이 물음에 명확한 답을 찾아보자.

집착하는 부모의 입장을 이해하려는 자세로 살펴보면, 그들이 독립적이고 행복한 삶을 살 만큼 성숙한 어른이 되지 못했다는 것을 확인하게 된다. 이런 사람은 새롭고 낯선 것에 자신이 없고 혼자 살아가지 못하기 때문에 차라리 불행한 결혼 생활을 유지하는 쪽을 택한다. 말하자면 자립성이 없기 때문에 자기 힘만으로는 행복한 삶을 살아갈 수 없는 것이다. 이런 사람은 삶의 의미를 (장성한) 자식을 보살피는 것에서, 자식이 동의를 하든 안 하든 자식과의 밀착된 관계에서 찾으려 한다.

또한 자세히 살펴보면 이들에게는 이렇다 할 삶의 목표가 없다. 모든 생각이 오로지 도움이 필요한 (필요하다고 생각하는) 자식을 보살피거나 자식의 보살핌을 받는 것에 집중되어 있다. 자식에 대한 집착과 의존을 버린다는 것은 곧 삶이 무의미해 보이는, 견디기 힘든 공허감을 뜻한다. 무슨 의미로, 무슨 기쁨으로 산단 말인가! 이런 미성숙한 부모는 자식이 배우자뿐 아니라 부모 역할도 맡아 주기를 바란다. 그래서 이런 가정에서는 딸이 어머니의 어머니 역할을 해야 하는 경우도 드물지 않다.

특히 어머니들은 이런 밀착된 부모 자식 관계에서 자신의 욕구를 자신이나 다른 사람 앞에서 부정하는 경향을 보인다. 그들은 자신을 희생하는 존재로 만들고 자기애를 드러내지 않는다. 그렇게 했는데도 애정 욕구가 채워지지 않으면 그들은 복수심에 불타는 괴물이 되어 '배은망덕'과 '천벌'을 운운하며 자식을 비난하고 위협한다. 혹은 자기 연민에 빠지거나 병들어 자식에게 죄책감을 심어 주려 한다. 한 여성 환자는 이렇게 말했다.

"제가 휴가를 떠나려 할 때마다 어머니는 아팠어요. 어떨 땐 휴가를 포기하고 어머니를 병원에 모시고 가야만 했죠."

'사랑'(사실은 사랑도 아니지만)도 폭력이 될 수 있다.

한 중독 환자가 털어놓았다.

"누구도 제 어머니를 나쁘다고 말할 수는 없어요. 어머니는 언제나 밝고 다정한 분이고 화를 낼 줄 모르는 분이에요. 제가 무슨 짓을 해도 다 이해해 주셨고 제가 원하는 건 다 하게 해 주었어요. 저는 어머니의 마음을 아프게 하지 않기 위해 평생 애썼어요."

그러나 결과는 정반대였다. 그는 중독 환자가 되었다!

정반대 결과의 '사랑'이 주로 아버지에게서 (또는 어머니에게서도) 목격된다. 그들은 자식에게 의존을 요구한다. 그들은 장성한 자식이라도 부모에게 순종하고 언제나 부모의 바람과 욕구를 채우는 것이 당연하다고 여긴다.

"저는 아직도 아버지에게 맞설 자신이 없어요."

올해 마흔다섯이 된 여성 환자가 털어놓았다. 그녀는 아버지를 모시고 살았고 아버지를 위해 결혼도 하지 않았다. 이 사례에서는 특히 희생자 콤플렉스가 명확히 드러났다. 이 환자는 오로지 아버지가 무엇을 원하는지만 신경 썼기 때문에 자신의 욕구는 알지 못했다. 그녀는 아버지가 원하는 방식으로 행동했고 심지어 아버지가 기대할 것 같은 방식으로 생각했다. 고유한 자아는 당연히 발달하지 못했다.

어떤 부모는 자식의 의존을 강제하기 위해 다양한 방식을 번갈아 가며 투입하고, 마치 배우자처럼 장성한 자식의 삶에 관여하고자 한다. 그들은 자식을 배우자보다 더 중요하게 생각한다. 반대로 자식이 부모를 배우자보다 더 중요하게 생각하는 경우도 있다.

"어머니는 제 삶에서 가장 중요한 사람이에요. 그다음이 아내죠."

치료 과정에서 매번 목격되는 이런 가치관이 문제를 만든다! 예를 들어 결혼한 아들이 매일 어머니를 방문하여 모든 문제를 아내가 아닌 오로지 어머니하고만(!) 의논하는 경우다.

가정에서 벌어지는 또 다른 형태의 정서적 학대는, 부모가 이루지 못한 꿈을 자식이 대신 이뤄야 하는 것이다. 다시 말해 자기 삶에 만족하지 못하는 부모가 이루지 못한 자신의 소망을 자식에게 투사하고, 자식을 통해 그것을 실현하려는 것 역시 정서적 학대에 속한다.

부모의 꿈을 대신 이뤄야 하는 아이

삶의 목표가 있어도 그것을 이루기 힘들 때가 있다. 그러면 이루지 못한 그 목표는 마음에 남아 늘 어딘가 불만족스러운 상태가 된다. 돈이 없어서 혹은 여건이 안 되서 포기해야 했던 학업이나 직업, 도저히 이룰 수 없어 보이는 부, 명예, 권력, 사회적 지위, 삶을 행복으로 이끌어 줄 동화 속 왕자나 공주 같은 꿈의 배우자 등. 어떤 부모는 자신이 이루지 못한 이런저런 꿈과 목표를 자식이 대신 이루도록 폭력적으로 강요하기도 한다.

부모의 야망은 아이가 태어난 지 일주일도 안 됐을 때부터 시작될 수 있다. 신생아가 가질 수 없는 능력을 아기에게 기대한다. 가장 흔히 나타나는 것이 아기에게 배변 훈련을 시키는 것이다. 아직 괄약근을 제어할 수 없는데도 가혹하게 배변 훈련을 시킨다. 게다가 이런 잘못된 기대에 아기가 부응하지 못하면 부모는 경멸하는 태도로 큰 상처를 남긴다.

이런 식의 과도한 요구는 다른 성장 단계에서도 계속된다. 예를 들어 부모가 자기는 얻지 못한 부, 명예, 영광 등을 얻기 위해 아이에게 운동이나 예술 분야에서 가혹한 훈련을 시킨다. 이런 부모가 소위 '아이를 위해' 세운 인생 계획의 목표는 오로지 채워지지 않은 자신의 갈망을 채우는 데에만 초점이 맞춰져 있다.

부모가 자식에 대해 어느 정도 자부심을 갖고 자식을 통해 특별한 행복을 누릴 수는 있다. 그러나 자식이 부모의 결핍을 채워야 한다면 그 안에는 언제나 학대가 포함되어 있다. 이런 경우 아이는 존재 자체로 사랑받는 게 아니라 부모의 과도한 야망이나 마음의 불만을 채우기 위한 존재로 전락한다. 아이는 본능적으로 이것을 학대로 인식한다. 그러나 아이는 홀로 견뎌야만 한다. 오로지 '최고만 원하는' 부모와 의논할 수 없기 때문이다. 아이는 자신의 생존권을 쥐고 있는 부모의 압도적인 힘 앞에서 무기력한 자신을 본다.

이런 정서적 학대 속에서 아이가 부모의 목표를 실현할 수 없거나 실현하려 하지 않으면 부모는 특히 더 모질고 혹독하게 반응한다.

"제가 아버지의 꿈을 이뤄드릴 수 없다는 것이 명백해진 후로 아버지는 저를 철저히 무시했어요. 저와는 말도 하지 않았고 저를 투명 인간 취급했어요."

아버지의 기대를 채우는 데 실패했던 어느 환자의 말이다.

이런 부모들은 자기 정당화에 능숙하다. 그들은 오로지 자식을 위해, 자식이 잘되기를 바라는 마음에서 그랬다고 주장한다. 부모가 요구한 능력을 자식이 발휘하지 못하면, 그것은 모두 자식이 너무 게으르거나 너무 나태하거나 너무 멍청하거나 이기적이기 때문이다. 그러나 부모의 욕구를 채우지 못한 자식이 받아야 하는 가혹한 멸시나 무시를 보면, 그건 결코 자식의 행복을 위한 것이 아니라는 것이 명확해진다. 자식의 행복을 위한 것이었다면 부모의 태도는 이해와 인정, 자상함과 애정이어야 하기 때문이다.

부모의 욕구를 채우기 위해 세상에 존재해야 하는 아이들은 스스로 선택하지 않았거나 선택하지 않을 역할을 강요받는다. 그리고 이런 역할을 맡는 것이 자신의 소망이라고 믿도록 세뇌된다. 그렇게 아이의 진짜 욕구는 억압되고 무시된다.

부모가 자식에게 가하는 압력의 강도는 매우 다양하다. 예를 들어 아이가 사회적 공간에서 잘 지낼 수 있으려면 그에 맞는 타당한 설명과 방향 제시가 필요하다. 가장 효과적인 교육 방법은 모범을 보고 배우는 것이다. 그리고 가장 중요한 모범이 바로 부모다. 그런데 부모가 아이에게 요구하는 것과 그들이 보여 주는 삶이 완전히 반대일 때가 있다. 부모는 엄격한 질서와 가혹한 처벌로 아이의 인격을 유린하며 자신의 목표를 강행한다.

이런 형식의 폭력 역시 심리적 혼란을 불러온다. 아이는 자신의 욕구가 올바른지 아닌지 구별하지 못한다. 부모를 기준으로 생각하기 때문이다.

'부모님은 항상 부지런해야 한다고 했는데, 내가 이렇게 게으름을 피워도 될까?'

'내가 하고 싶은 대로 해도 부모님은 여전히 나를 사랑할까?'

아이는 부모의 사랑에 의존할 수밖에 없다. 자신의 욕구와 부모의 욕구 사이에 생기는 내적 다툼은 언제나 내적 갈등을 일으키고, 부모의 욕구를 채우지 못하면 죄책감이 생기며 자존감이 약해진다. 그 결과 '말 잘 듣는 아이'는 '말 잘 듣는 어른'이 된다.

아이의 의지가 완전히 꺾이면 아이는 말 잘 듣는 인형이 된다. 그러나 고유한 인격 없이 자신의 목표도 타인의 목표도 이룰 수 없는 아이의 순종이야말로 부모가 가장 싫어하고 경멸하는 것이다.

순종밖에 모르는 아이는 부모가 세운 높은 목표에 어울리지 않기 때문에 아이는 부모로부터 신랄한 질책과 멸시를 받는다. 이때 아이는 절망감과 무력감에서 벗어나지 못한다. 이렇게 끝없는 악순환이 계속된다. 재능이나 지능이 부족해서 부모의 욕구를 채울 수 없을 때도 부모는 똑같이 실망한다. 그들은 아이의 과잉 순응이 부모의 이기적인 태도가 낳은 성격 장애라는 것을 알지 못한다.

폭력적인 부모가 목표를 이루지 못하는 경우도 많다. 예를 들면 아이는 처절한 실패자가 되는 방식으로 부모에게 복수하기도 한다. 이것은 부서진 영혼이 방어에 나서는 것과 같다. 부서진 영혼은 폭력적인 가해자가 목표를 이루지 못하게 나름의 방식으로 앙갚음을 한다. 일부러 복수 형식을 택하는 아이들도 드물지 않다. 실패도 폭력에 대한 저항이다. 불행과 파멸에서 승리의 맛을 볼 수 있다는 것을 이해한다면 아이의 피학과 파멸 욕구도 이해할 수 있을 것이다. 폭력적으로 자식을 착취하려는 부모보다 스스로 파멸을 선택해 착취를 막은 아이가 더 강한 것이다.

아이는 부모가 부모 자식 모두의 행복을 위해서가 아니라, 오로지 자신의 욕구만 챙긴다는 것을 알고 있다. 예를 들어 자식의 행복보다 이웃과 친척의 부러움을 사는 걸 더 중요하게 여긴다는 것을 직관적으로 느낀다. 이런 부모의 태도 뒤에 감춰진 비정한 이기주의에 맞서 아이는 자신의 인생을 무너뜨리고, 그것으로 부모에게 실패의 벌을 주는 것이다.

이와 같은 정서적 학대를 겪어야 했던 사람들은 자신을 방어하는 법(비록 그것이 적합한 자기방어 형식이 아니더라도)과 인생의 목표를 추구하는 법을 가정에서 배울 수 없었다. 성폭력 피해 생존자들과 마찬가지로 이들 역시 분노를 표현하지 못한다.

그들은 자주 열등감을 느끼는데, 특히 권위적인 사람 앞에서 불안하고 무기력하다. 자신이 계속 받아 왔던 멸시의 창끝을 결국 자기 자신에게 돌리는 것이다. 다른 사람들이 경계를 침범해 착취하고 억압했음에도 그들은 잘못의 원인을 자기 자신에게서 찾는다. 밖으로 표출하지 못한 공격성이 스스로를 향한다. 갈등이 생기면 언제나 뒤로 물러나고 회피하며 모든 고난을 자처한다. 이들에게서도 희생자 콤플렉스가 목격된다.

그 결과 심신 상관 질환과 중독 질환이 생긴다. 특히 술은 처음에는 위안을 주지만 곧 '장기 마취제'가 된다. 이런 과정을 밟아 온 적지 않은 중독 환자들은 전형적인 델타 유형*으로 하루 종일 술을 마신다(술을 마시기 위해 밤에 잠을 자지 않기도 한다). 그리하여 장기적으로 혈중 알코올 농도가 높아지고, 농도가 떨어지면 금단 현상이 생기기 때문에 계속 술을 마시는 일이 되풀이된다.

위에서 설명한 것처럼 사람들은 폭력을 직관적으로 감지한다. 그래서 부모의 과도한 요구에 자식이 반항을 하거나 고집을 부리는 경우도 적지 않다. 그러나 앞으로 소개하겠지만 반항 역시 순응의 한 방식이다.

부모의 과도한 요구에 무조건 순응하는 것이 싫어서 많은 아이들이 일부러 부모의 기대에 어긋나게 행동하기도 한다. 그들은 공부를 포기하고 학교를 그만두고 일부러 재능을 썩히는 등 쓸 수 있는 모든 에너지를 총동원해 거부의 뜻을 전달한다. 그리고 이것이 부모 자식 간에 공공연한 다툼을 일으킨다.

이때 자식을 이해할 수 없는 부모가 가장 자주 하는 비난이 다음과 같은 말이다. "마음만 먹으면 할 수 있는데 도대체 왜 그러는 거야?" 아이는 부모가 기대하는 것과 정확히 반대로 행동함으로써 부모의 폭력에서 벗어나려 한다. 부모가 A를 하라고 하면 아이는 B를 하고 부모가 B를 하라고 하면 아이는 다시 A를 한다. 이것 역시 순응의 일종인데, 정반대로 하는 순응이다. 이것은 당연히 자율적인 결정이 아니다.

부모 자식의 다툼은 도무지 참지도, 화해할 수도 없는 지경에

---

* 미국의 생리학자 젤리네크Jellinek는 알코올 의존증 환자의 음주 형태를 그 특징에 따라 알파, 베타, 감마, 델타, 엡실론 등 다섯 가지 유형으로 분류했다. 그중 델타 유형은 알코올에 신체적 의존이 생기고 술에 대한 조절 능력이 상실되는 단계에 해당한다.

까지 이를 수 있다. 있는 그대로 사랑받는 것, 아이가 바라는 것은 오직 이것뿐이다! 그러나 이것이 이해되지 못한 채 양쪽 모두에게 깊은 상처만 남긴다. 부모로부터 무조건적인 사랑을 받지 못하는 아이는 차라리 부모와의 모든 관계를 포기하려 한다. 이것은 당연히 불가능하다. 왜냐하면 강한 적개심과 해소되지 않은 갈등이 늘 따라다니면서 부모와의 부정적인 연결 고리를 만들기 때문이다.

이런 부모는 아이의 특정 행동에 관심을 보이고 칭찬하고 기쁨을 표현한다. 아이의 존재 이유가 오직 부모의 목표를 실현하는 것이라면 부모는 그저 자신만을 사랑하는 것일 수도 있다. 그럼에도 이런 부모는 아이에게 가장 좋은 것을 주기 위해서라고 늘 주장한다. 보기에는 그들도 아이를 사랑하는 것처럼 보인다. 그래서 아이는 파괴적인 혼란에 빠지게 된다. 사랑하기 때문이라는 부모의 주장을 믿어야 할까, 아니면 부모가 이기적인 목표만 좇고 있다는 자신의 지각을 믿어야 할까? 모든 아이는 부모의 사랑을 갈망하기 때문에 부모의 주장을 의심하기보다는 차라리 자신의 지각을 의심하는 것을 선택한다.

이런 아이들은 부모의 요구에 순응할지, 아니면 일부러 실패해서 반항할지 내적으로 갈등하고 분열된다. 이들은 어른이 되어서도 자신의 요구와 다른 사람의 요구 사이에서 갈팡질팡한다. 그러므로 어른이 되어서도 이들이 선택할 수 있는 행동 방식은 두 가지뿐이다. 다른 사람의 요구에 순응하고 복종하느냐, 아니면 고집스럽게 회피하느냐. 이런 분열은 대부분 다른 사람의 도움 없이는 해결되지 않는다.

　이런 내적 문제를 가진 사람들은 관계에서 실패를 거듭하기 쉽다. 그들은 부정적인 부모상에서 벗어나려고 애쓰지만 어떻게 해야 할지를 모른다. 그들은 계속 부모에게 구속되어 있는 기분을 느낀다. 자신이 부모가 생각하는 것만큼 그런 실패자는 아니라는 것을 증명하려 애쓸수록 그들은 점점 더 부모의 판단에 구속된다. 게다가 그들 나름대로 최선을 다해도 부모의 높은 기대를 채우는 건 불가능하다.

　부모와 자식 간의 갈등이 일찍 생길수록 상처는 더욱 깊다. 어린 나이에 생긴 심리적 상처는 자기실현적 예언Self-fulfilling prophecy*이나 저주의 효과를 낸다. 인간은 필사적으로 이런 내면의 적으로부터 자신을 방어하고 이에 맞서다 보면 내면의 적은 더 강해지기 때문이다.

　이런 사람들은 이를 악물고 노력하여 좋은 성적으로 학업을 마치고 가정을 이루고 직업적으로도 성공을 거두는 경우가 많다. 그리고 기이하게도 모든 것을 다시 파괴한다! 그들은 실패하고 바닥에 쓰러진다. 그러나 모든 것을 잃은 후 그들은 다시 힘을 내 새로운 에너지로 일을 시작한다. 믿기 어려울 만큼 대단한 에너지를 발휘하며 새로운 것을 이루어 내고, 또다시 파괴한다. 마치 그들의 내

---

* 어떤 일이 일어날 거라 예측하거나 기대하면 그 예측에 대한 믿음이 다음의 행동에도 영향을 준다는 사회 심리학적 현상.

면에 그들이 행복해지는 것을 용납하지 않는 어떤 제동 장치가 있는 것처럼.

이제 가정 폭력 중 마지막으로 다룰 것이 바로 아동 학대다. 다른 폭력과 마찬가지로 아동 학대 역시 자신의 문제를 극복하지 못한 부모를 통해 발생한다. 그리고 그 결과는 성폭력과 매우 유사하게 나타난다.

아동 학대

아직도 아동 학대는 빈곤층 가정에서만 일어나는 일이라고 생각하는 사람들이 있다. 그러나 실제로 아동 학대는 소득과 상관없이 사회의 전반에 걸쳐서 나타난다. 아이를 학대하는 부모 대부분이 어린 시절 그들의 부모로부터 학대를 받았거나, 혹은 극복하기 힘든 강한 거부와 무시를 경험해서 내면 깊은 곳에 치유되지 않은 상처가 있는 사람들이 많다. 이들은 자신의 상처를 아이에게 투사하고 그 상처에 맞서느라 자신도 의식하지 못한 채 아이를 학대한다.

학대받는 아이는 성폭력과 비슷하게, 부모의 신체적 폭력 앞에서 무기력한 자신을 본다. 부모는 아주 사소한 이유로도 자신의 통제되지 않는 분노와 적개심을 발산한다. 아이가 저지른 잘못과 상관없이 과도하게 혹독한 벌을 내리거나 심지어 아이가 잘못한 게 없는

데도 자신의 폭력을 정당화하기 위해 잘못을 지어내는 경우도 있다. 그런 경우 아이는 어떻게 대처해야 할지 알 수 없는 혼돈과 불안한 상태에 빠진다.

술에 취하면 공격적으로 변하고 상대방을 폭행함으로써 위안을 찾는 알코올 의존자 부모 역시 위험하다. 학대를 받은 아이는 평생 공포와 두려움에 시달린다. 시시때때로 벌어지는 폭력 아래에서 아이의 인격은 파괴된다.

아이는 끔찍한 경험을 극복(진짜 극복은 아니지만)하기 위해 자신이 벌을 받아 마땅하다고 생각한다. 아이는 가해자가 투사하는 생각을 그대로 받아들여 자신이 잘못했다고 믿는다. 이런 메커니즘은 앞에서 설명한 '가해자와의 동일시'다. 가해자가 부당하게 쏟아내는 분노와 증오를 아이는 고스란히 받아들이는데, 이때 아이에게 각인되는 증오는 가해자가 스스로에게 갖는 증오이다.

여기서도 감정 분리가 자기 보호 및 방어 기제로 쓰인다. 성폭력에서 설명했듯이 아이들은 자아와 육체를 완전히 분리함으로써 고통과 두려움에 무감각해지려고 한다. 감정과 육체의 분리, 때로 이것이 가해자를 더욱 도발하는 경우도 많다. "맘껏 때려라, 하나도 안 아프니까!"라는 식의 방어 기제가 더 큰 폭력을 부르기도 한다. 아동 학대가 영혼에 미치는 끔찍한 결과는 이미 앞에서 여러 차례 소개한 바와 같다.

내면의 왕국을
지키는 법

가정에서의 정서적 학대는 털북숭이 공주의 운명과 정확히 일치한다. 지금까지 정서적 학대의 결과로 희생자 콤플렉스, 부모의 잘못된 보호에서 벗어나지 못하는 무기력함, 심신 상관 질환, 자기혐오 그리고 결정적인 순간에 자신의 지각을 믿지 못하는 자기 의심을 살펴보았다.

이런 장애를 치유하고 내면의 왕국을 지키고 싶다면 동화에서 힌트를 얻을 수 있다. 즉 내적 분노를 표출하는 방법을 찾아야 한다. 그것이 희생자 콤플렉스를 극복하도록 도울 것이다. 피해자가 늘 자기 자신에게 가했던 공격이 치료 과정에서 자신과 타인 모두에게 무해한 방식으로 충분히 표출되어야 한다. 이때 다른 인격이 되어 볼 수 있는 역할극이나 사이코드라마가 도움이 된다.

또한 부모의 잘못된 기대와 요구보다 언제나 아이 자신의 고유한 삶이 더 중요하다는 것을 인식해야 한다. 그러기 위해서는 죄책감을 극복해야 한다. 그리고 무엇보다 그동안 겪은 고통에 대해 충분히 슬퍼할 수 있어야 한다. 이것이야말로 자신의 고통을 이해하고 풀어내는 과정이라고 할 수 있다. 그래서 부당한 요구에 맞서는 안전한 경계선을 세우고 스스로 결정한 삶이 있는 내면의 왕국을 발달시켜야 한다.

3부

성폭력과 중독

사랑과 집착은 자주 혼동되는 감정이다.
파트너에게 극단적으로 집착하는 사람은 그것이 사랑이라고 믿는다.
그들은 파트너에게서 자신을 분리하지 못하는 것을
사랑의 증명이라고 여긴다.

섹스 중독자
K 이야기

여기서 소개한 글은 남성 성폭력 피해 생존자인 K의 편지인데, 가해자가 원래 갖고 있던 중독에 가려진 섹스 중독이라는 심리적 증상과 성폭력의 연관성을 명확하게 보여 준다. K가 허락해 준 덕분에 나는 섹스 중독의 발달 과정에 대한 아주 내밀한 고백을 여기에 실을 수 있었다. 피해자의 심리적 고통과 위기를 부족하게나마 엿볼수 있을 뿐만 아니라, 섹스 중독에 대한 무분별한 선입견을 버리고 그것을 이해하는 데 도움이 될 것이다. K는 섹스 중독을 혼자 극복해 보려고 애썼지만 모두 실패하고 병원 치료도 여러 번 중단한 끝에 더는 어찌해야 할지 모르는 절망적인 상태에서 이 편지를 보내왔다.

친애하는 담당자님께!

저는 도움이 필요하지만 더는 어떻게 해야 할지 몰라 이렇게 편지를 씁니다. 33년 전(!) 겪은 어린 시절의 경험 때문에 저는 평생을 힘들게 살았고, 나이가 들수록 점점 더 방탕해지는 것 같습니다.

외부의 도움을 받으려고 두 번이나 시도해 봤지만 아무 소용이 없었습니다! 누구도 저를 진지하게 대하지 않았습니다.

먼저 제가 겪은 사건을 설명하고 이어서 저의 반응에 대해 이야기하겠습니다.

1959년 여름, 저의 여섯 번째 생일을 며칠 앞둔 날이었습니다. 어머니가 새 남자 친구를 집에 데려왔습니다. 저는 그 사람을 굉장히 좋아했습니다. 날씬한 몸에 큰 키, 그리고 새까만 머리카락. 처음 만났을 때부터 그는 매우 친절했고 제게 관심을 보였습니다. 그리고 매일 저와 놀아 주었습니다. 저를 위해 언제든지 기꺼이 시간을 냈습니다.

어느 날 그가 자전거에 어린이용 좌석을 달고 물총 두 개를 가져왔습니다. 그날부터 저는 그와 매일 자전거를 타고 밖으로 나갔습니다. 우리는 주로 숲에서 신나게 놀았습니다.

그리고 바로 그날이었습니다. 그는 숲속 어딘가에 일부러 꼭꼭 숨었습니다. 갑자기 무서워진 저는 두려움과 공포감에 울기 시작했고, 큰소리로 그를 부르며 찾아 헤맸지만 그는 나타나지 않았습니다.

한참이 지난 뒤에야 비로소 모습을 드러낸 그는 눈물범벅이 된 저를 놀리며 크게 웃었습니다. 그때부터 저는 그가 시키는 대로 뭐든 했습니다.

얼마 후 그는 제게 자위하는 방법을 알려 주었습니다. 그리고 그때부터 저는 매일 그 앞에서 그것을 해야 했습니다. 어떨 땐 연달아 여러 번 했습니다.

더 이상 발기가 되지 않으면 그는 저를 때렸습니다. 바지에서 가죽 벨트를 풀어 저의 등을 후려쳤습니다. 다른 사람에게 말하면 죽도록 때리겠다고 위협했습니다. 그때부터 제 목욕은 그가 맡았습니다.

이런 고문은 제가 할머니와 할아버지 댁에 가서 상처투성이 몸을 더는 숨길 수 없었을 때까지 계속됐습니다. 처음에는 말할 엄두도 나지 않아 버티다가 겨우 용기를 내어 할머니께 모든 사실을 털어놓았습니다. 그러자 할머니는 저를 데리고 근처 경찰서로 갔습니다. 경찰관은 저에게 이것저것 자세히 묻고는 "그놈을 즉시 감옥에 처 넣을 테니 아무 걱정 마라"라고 안심시켰습니다.

여기까진 그런대로 괜찮았습니다. 저는 그를 두 번 다시 보지 않았고 치료를 받을 필요도 없었습니다. 저는 그 남자의 이름도 모릅니다!

어른들에게 그 사건은 그렇게 끝났습니다. 경찰관 말대로 그는 아마 구속되었을 것입니다. 저는 어머니 곁을 떠나, 헐고 부르터 고름이 흐르는 다리와 상처투성이의 등 그리고 영양실조와 여러 결핍 증상을 가진 몸으로 청소년청 직원을 따라 할머니와 할아버지 댁으로 갔습니다. 그게 전부였습니다!

이런 의무적인 절차가 끝난 뒤에는 아무도 이 사건에 더 관심을 갖지 않았습니다. 그러나 저는 그 남자가 심어 놓은 충동 때문에 벌을 받았습니다. 자위를 할 때마다 심하게 야단을 맞았고, 잠을 잘 때는 꼭 손을 이불 밖으로 내놓고 자야 했습니다. 그러나 여러 번 주의를 주고 성경 구절까지 들먹이며 혼을 내도 소용이 없자 급기야 할머니는 저의 자위 현장을 목격할 때마다 가혹한 벌을 내렸습니다. 그 당시 마을에는 다리를 저는 척추 장애인이 농장에서 일을 하고 있었는데, 그가 집 앞을 지나갈 때마다 할머니는 저를 창가로 데려가 이렇게 말했습니다. "저 남자를 좀 봐. 하나님께 벌을 받아서 저렇게 된 거야."

정말 말도 안 되지만, 아직까지 저는 그 말을 잊을 수가 없습니다!

그때부터 저는 자위를 할 때 전보다 더 큰 양심의 가책을 느껴야 했습니다. 내가 사랑하는 사람들뿐만 아니라 이제 하나님마저 저에게 화를 낼 테니까요!

결국 저는 충동을 느낄 때마다 몰래 하거나, 속이거나, 말하지 않거나, 거짓말을 하기 시작했고, 그럴 때마다 이루 말할 수 없는 두려움과 감당하기 어려운 죄책감이 들었습니다.

그러나 그럴수록 성적 충동은 더욱 강해졌고 저는 어떤 식으로든 충동을 달래기 위해 모든 기회를 이용했습니다.

초등학교를 졸업할 무렵에 저는 주변 여학생들을 사귀기 시작했고 열한 살에 이미 그들과 섹스를 했습니다.

당시부터 지금까지 저의 모든 생각과 행동은 섹스와 연결되어 있습니다. 저는 오로지 이성 교제에만 관심을 가졌습니다. 다른 남자들이 즐겨 하는, 가령 축구나 운동 같은 것을 저는 단한 번도 하지 않았습니다.

섹스가 아닌 다른 것에 관심을 가지기가 점점 더 힘들어졌습니다. 모든 것이 섹스와 연결되었습니다. 책, 잡지, 영화, 술집, 자조 집단, 직장 등도 성적인 관점에서 선택했습니다. 지금까지 섹스가 아닌 그 어떤 것에도 오랜 시간 집중한 적이 없습니다.

섹스가 아니더라도 부분적으로나마 에로틱한 경험을 하기 위해 저는 훔치고 거짓말하고 숨기고 사기를 쳤습니다. 섹스를 위한 일이라면 저는 연기력이 뛰어난 배우가 됩니다. 섹스만이 저를 살아 있게 하고, 그것을 느끼기 위한 제 기술은 정말이지 무궁무진한 것 같았습니다.

성적 충동을 채울 수 있는 가능성만 보이면, 연인이나 직장을 잃든 다툼이 생기든 저는 개의치 않았습니다.

예전에는 '가출'의 기회를 얻기 위해 일부러 아내를 자극해 크게 부부 싸움을 한 적도 있습니다. 그렇게 저는 제 몫의 돈을 챙겨 자주 집을 나왔습니다. 원하는 것을 얻은 뒤에는 다시 아내에게로 돌아갔습니다.

이런 연극을 1년에 몇 번씩 반복했습니다. 충동을 억제할 수가 없었습니다. 상대가 저항할 때마다 저는 굉장히 신경질적이고 공격적으로 변해 갔습니다.

섹스의 대상이 누구인지는 상관없었습니다. 성격도 나이도 외모도 상관하지 않았습니다.

저에게 도덕적 사고 따윈 없었습니다. 누나, 형수, 이모, 사촌, 친구의 아내, 자식의 친구, 이웃의 아내나 딸, 여자 친구의 친구나 어머니 등 대상과 상관없이 저의 성적 충동은 멈추지 않았습니다. 성적으로 매우 자유분방하고 개방적인 여자와 일찍 결혼을 했지만 그것이 저의 과도한 성적 욕구를 충족시키지는 못했습니다.

끝이 없는 성적 욕구를 해소하느라 저는 '분별 있는 삶'(가족, 친구, 취미, 일 등을 중심에 두는 삶)을 살 수 없었습니다. 섹스 욕구는 점점 더 강한 중독으로 걷잡을 수 없이 커져 갔고, 그 외의 다른 능력은 모두 약해졌습니다.

결과적으로 제 삶은 산산조각 났고 저는 완전히 고립되어 혼란과 두려움에 빠진 채 평범하고 만족스러운 삶을 살 수 없습니다.

게다가 저는 아주 일찍부터 술의 도움을 받아 행복한 척 연기를 하고 제 욕구들을 채워 나갔습니다. 하지만 시간이 지날수록 사회적 입지가 줄어들어 충동을 채우기가 점점 더 힘들어졌습니다. 성적 충동을 채우려면 극단적으로 많은 물리적·심리적 에너지를 소비해야 했습니다. 성적 욕망이 저의 모든 에너지를 앗아 갔습니다.

시간이 지나면서 제게는 세 가지 중요한 성적 태도가 드러났습니다.

첫째는 관음증입니다. 보는 것이 다른 어떤 것보다 큰 만족을 줄 때가 많았습니다. 이런 종류의 만족을 얻으려다 그동안 저는 당혹스러운 상황을 많이 겪었습니다. 게다가 이런 욕구는 양심의 가책까지 줍니다. 다른 사람을 엿보는 것은 예나 지금이나 변태 성욕으로 통하기 때문입니다.

둘째는 어린 여자에 대한 욕구입니다. 저는 어리고 순결한 몸에 매혹되었습니다. 성숙한 여자를 대할 때와 소녀들을 대할 때 저의 성적 태도가 완전히 달랐습니다. 그러나 어린 여자와의 섹스는 판타지에서만 존재했습니다. 제 나이만 보더라도 그런 꿈은 이루어지지 않을 게 뻔하니까요.

셋째는 여자 속옷에 성도착 경향이 강합니다. 여자 속옷을 보면 흥분되고 판타지가 커집니다.

여기에 비정상적인 성욕이 추가됩니다. 파트너와 평균 이상으로 자주 섹스를 할 때조차 저는 하루에 대여섯 번 넘게 자위를 해야 했습니다.

같은 여자와의 섹스에 금세 싫증을 느끼고 만족도 역시 점점 낮아졌습니다. 나이가 들면서 저는 섹스 후에 남몰래 공허감을 느꼈습니다. 게다가 발기나 사정이 안 되는 횟수도 점차 늘어 갔습니다.

현재 저는 심리적 요인에 의한 심각한 발기 부전을 앓고 있습니다. 그러나 이건 큰 문제가 아닙니다. 문제는 머릿속이 온통 섹스로 가득하고 섹스에만 초점이 맞춰져 있다는 것입니다. 오직 섹스로만 메울 수 있는 커다란 구멍이 머릿속에 있는 것 같습니다.

두려움이 삶을 장악했습니다. 점점 사람 앞에 나서기가 힘듭니다. 모르는 사람들과 있거나 낯선 상황에 처하면 저는 진땀을 흘리고 제 심장은 걷잡을 수 없이 빨리 뜁니다. 때로는 손발이 심하게 떨리고 금방이라도 정신을 잃고 쓰러질 것만 같습니다. 싸울 때도 똑같은 반응이 일어납니다. 다툼이 생길 것 같다는 생각만으로도 벌써 이런 신체 반응이 나타납니다.

저는 제가 원하는 것을 말하지 못하고 그것을 요구하여 얻어내는 것은 상상조차 할 수 없습니다. 그러다 보니 제 주장을 펼칠 수가 없습니다. 저의 자존감은 완전히 바닥입니다.

일상생활에서든 직장 생활에서든 저는 자신감이 없습니다. 그저 일상적인 상황에서도 저는 제대로 대처하지 못합니다.

저는 누군가를 오래 사랑하지 못하고, 사랑받는 것은 더욱 자신이 없습니다. 누군가가 제게 사랑한다고 말해도 저는 그것을 있는 그대로 믿지 않습니다.

이제는 어떤 것에서도 아름다움이나 기쁨을 느끼지 못합니다.

저의 미래는 한줄기 빛조차 없는 어둡고 긴 터널과 같습니다. 깨어 있는 매 순간이 부정적인 생각으로 채워집니다. 전에는 그래도 가끔씩 울 수 있었지만 이젠 그마저도 할 수 없습니다. 지금은 그저 목이 메고 눈물이 고일 뿐 울음이 터져 나오는 일은 없습니다. 우울함이 머리카락 끝까지 차오르는 것만 같습니다. 이런 태도는 제 자신과 주변의 모든 사람을 괴롭힙니다. 제 곁에 있는 사람들은 지옥을 경험합니다.

최근에는 몇 년 동안 사귀었던 여자 친구와 헤어졌습니다. 저는 그녀를 처음 본 순간부터 그녀에게 빠져들었습니다. 곁에 있으면 편안했습니다. 비록 그녀가 저보다 열네 살이 어렸지만 어쩌면 그래서 더 끌렸는지도 모릅니다. 그녀는 성적으로도 제가 찾아 헤매던 바로 그런 여자였습니다. 저는 기꺼이 그녀를 안았고 그녀 역시 기꺼이 저에게 안겼습니다. 그녀와 저는 아이 셋을 낳았습니다. 그녀의 부모는 저를 편견 없이 받아 주었습니다. 저는 행복했고 그 행복을 모두에게 자랑했습니다. 그녀와 저는 더 큰 집을 마련하고 가정을 꾸리는 꿈을 꾸었습니다. 모든 것이 완벽했습니다.

그러나 익숙한 두려움이 다시 덮쳤습니다. 저는 제 자신에게서, 그녀에게서, 아이들에게서, 그리고 주변의 모든 사람에게서 오로지 부정적인 면만 찾기 시작했습니다. 예전에는 아름답던 것들이 흉해 보였습니다. 저는 오직 어두운 미래만 그렸습니다. 그녀와 아이들에게 어울리는 사람이 되지 못할까 봐 두려웠습니다. 저는 여자 친구네 가족을 멀리했고 가정을 책임질 자신이 점점 없어졌습니다. 그녀에게서 마음이 멀어졌고 그녀와의 섹스도 즐겁지 않았습니다. 저는 점점 더 자주 그녀를 아프게 했고 다른 여자들에게 더 많은 관심과 친절을 베풀었습니다. 머릿속에 있는 부정적인 생각이 너무나 강렬해서 마치 그런 일들이 실제로 있었던 것처럼 느껴졌습니다. 그 후 2년이 더 흘렀고 우리의 관계는 완전히 끝났습니다.

이런 메커니즘은 연인 관계뿐 아니라 여러 다른 상황에서도 나타났습니다. 이것이 어떤 부정적인 효과를 가지는지 저도 잘 알고 있지만 그럼에도 어쩔 수가 없습니다. 저는 이런 태도로 지금까지 주변의 모든 사람을 떠나보냈습니다. 전처, 아이들, 형제들 그리고 여자 친구들. 왜냐고요? 저도 모릅니다! 어쩌면 저는 그렇게 제 자신을 벌주려 했지만 언제나 그 벌이 다른 사람에게 내려졌던 것 같습니다. 아무튼 저는 그런 식으로 언제나 제 자신을 파괴했습니다.

제가 거부되거나 거절당했다는 기분이 들 때도 저는 극단적인 반응을 보입니다. 저는 갈등이나 거부당하는 상황을 받아들일 수 없습니다. 제가 열네 살 때 할머니가 저를 버렸습니다. "넌 더러워!" 할머니는 이렇게 말하고 저를 청소년 보호소로 보냈습니다.

저는 종종 청소년 보호소에서 도망쳐 나와 어머니에게로 갔습니다. 그때마다 어머니는 저를 안고 입을 맞추며 말했습니다.

"사랑하는 우리 아들." 저는 음식과 약간의 돈 그리고 담배를 얻었습니다. 그러면 얼마 후 경찰이 와서 다시 저를 보호소로 데려갔습니다.

전처의 부모님은 저를 싫어했고 그걸 노골적으로 드러냈습니다. 저는 18년 동안 그것을 견뎌야 했습니다. 처가에 다녀올 때마다 기분이 상했지만 방어할 능력이 없었습니다. 이혼할 때까지 저는 장모님께 어떻게 말을 걸어야 할지 몰랐습니다. 그럼에도 어떻게든 장모님께 잘 보이기 위해 늘 살갑게 굴었고 선물 공세를 했습니다.

그런데 전처조차 저를 속였습니다. 그녀는 저를 사랑한다고 말했고 키가 작은 것도 상관하지 않는다고 늘 말했습니다. 그러던 그녀가 저와 정반대인 남자와 바람을 피웠습니다. 그 남자는 저보다 크고 강했습니다. 신체적으로나 정신적으로나. 그는 춤을 잘 췄고 매너가 좋았고 자신감이 넘쳤습니다.

이혼 후 사귄 여자 친구들도 마찬가지였습니다. 뜨거운 연인인 척했지만 얼마 지나지 않아 저와 완전히 반대인 새로운 남자에게로 갔습니다!

바로 이런 이유 때문에 저는 다른 사람이 저를 사랑한다고 해도 믿지 못합니다.

모두가 자립할 상황이 되고 진짜 사랑하는 사람을 찾을 때까지만 제 곁에 머무는 것 같았습니다.

다른 사람 앞에서 느끼는 저의 혼란을 감추기 위해 제가 수년에 걸쳐 만든 방어벽에 대해 고백하겠습니다.

제 자식들은 모두 세례를 받지 않았습니다. 저는 주변 사람들에게 유아 세례를 반대한다면서 아이들이 스스로 신자가 될지 말지를 선택하게 해야 한다고 설명했습니다.

저는 가까이 지내던 사람들의 장례식에 가지 않았습니다. 어머니의 장례식에도 가지 않았습니다. 그때는 우리가 정상적인 모자 관계가 아니었고 화해하기에도 너무 늦었다고 핑계를 댔습니다.

형제자매나 지인들의 결혼식에도 가지 않았습니다. 원래 그런 행사에 가는 걸 싫어한다는 말로 초대를 거절했습니다.

비폭력주의자라는 말로 신체적 다툼을 회피했습니다.

사람들은 제가 정말 그렇다고 생각했을 것입니다. 그러나 진실은 제가 아주 겁쟁이라는 것입니다!

정확히 10년 전, 제가 겁쟁이라는 걸 알았습니다. 자살을 시도했으니까요. 정말 진지한 시도였지만 약의 효력을 잘못 계산한 탓에 자살은 미수에 그쳤습니다. 이제 다시는 자살을 시도하지 않을 것입니다. 그러기에는 죽음이 너무나 두렵습니다. 그러나 살아 있는 동안 죽은 것처럼 살까 봐, 제 모든 정신이 망가질까 봐 저는 두렵습니다. 어머니처럼 삶을 끝내고 싶진 않습니다!

K가 섹스 중독이 된 과정을 제대로 이해하려면 여섯 살짜리 어린아이의 입장이 되어 보아야 한다. 먼저 부모와의 관계가 파괴

되었다. 아버지는 없고 어머니는 새 남자 친구를 우선으로 여겼다. K는 자주 혼자 방치되었다. 그는 정서적으로 굶주렸고 이런 허기는 평생 그를 따라다녔다.

어머니의 남자 친구가 보여 준 관심은 그에게 아주 멋진 일이었다. 자신을 정성껏 보살펴 주는 사람, 자존감을 높여 주는 사람, 어머니가 주지 못했던 관심을 대신 주는 사람이 생긴 것이다. 이때 K가 난생처음 사랑받는 느낌을 받았다는 것이 중요하다. 나중에 성폭력 가해자가 된 어머니의 남자 친구가 K에게 이것을 주입시켰다. 그러나 사실 그 남자의 관심은 다른 것에 있었고 그의 감정은 사랑과 전혀 달랐다. 사랑이라고 암시된 그의 감정은 오로지 성적 착취라는 한 가지 목적만을 향한 것이었다. 그러나 여섯 살 꼬마는 이런 사실을 알 수 없었고 남자의 감정이 진정한 사랑이라고만 생각했다. K의 사랑의 감정이 유린당한 것이다.

사랑과 성에 있어서 첫 경험이 얼마나 중요한지 이 사례에 잘 드러난다. 이 첫 경험은 다른 모든 경험에 강한 영향을 미친다. K는 반복 강박이 생겼고 결국 성적 욕구를 채우기 위해 스스로 사랑의 감정을 기만했다. 그는 주변 사람들의 약점과 은밀한 갈망을 금세 알아차릴 수 있었고 사랑의 감정을 암시하는 더 완벽한 방법을 계속 발달시켰다.

K 스스로도 인정했듯이 그는 이런 점 때문에 주변 사람들에게 위험 인물이 되었다. 당연히 그는 자신의 감정이 완전히 가짜라는 것을 알았다. 자신이 그렇기에 여자 친구도 똑같을 거라고 생각

했고, 그 때문에 그녀의 감정도 믿을 수 없었다. 그의 성적 욕구 뒤에는 진정한 사랑과 애정에 대한 욕구가 있었던 것이다.

연관성을 좀 더 넓혀서 보면, K는 여전히 어머니의 사랑을 갈망하고 있다. 그가 쓴 편지에서 명확히 드러나듯이, 그는 어머니를 아프도록 그리워했다. 건강한 정서 발달을 위해서는 어머니와의 초기 애착 관계가 잘 형성되어야 한다. 그런데 아기가 어머니로부터 무조건적인 사랑을 경험하지 못하면 그런 사랑에 대한 극단적인 굶주림이 생긴다. 처음에는 어머니의 사랑에 대한 갈망을 성폭력 가해자의 '사랑'이 채워 주는 것처럼 보였다. 그래서 K는 성폭력과 피해자 역할에 쉽게 빠졌다.

K가 여러 여자들에게 가한 폭력은 어머니에게 하고 싶은 복수를 대신한 것으로 이해할 수 있다. 치료 과정에서 K는 여자들에 대한 강한 적개심을 드러냈다. K의 성장 배경을 봤을 때, 진정한 사랑과 애정을 경험하려는 그의 모든 노력은 실패로 끝날 수밖에 없었다. K의 치료에서 가장 중요한 주제는, 어머니에게 받아들여지지 않았던 내면의 아이를 치유하는 것이었다.

섹스 중독의 특징

모든 중독 질환과 마찬가지로 섹스 중독의 첫 번째 특징은 통제력 상실이다. 중독의 두 번째 특징은 만족의 상실이다. 예를 들어

섭식 중독자는 아무리 많이 먹어도 포만감을 느끼지 못하고, 알코올 의존자는 아무리 많이 마셔도 안도감을 얻지 못하고, 섹스 중독자는 성관계 뒤에 괴로운 공허감을 느낀다. 이것이 다시 중독 행위를 강요한다.

예를 들면 섹스 중독자는 통증, 실망, 두려움, 증오 같은 내적 문제를 '사랑'과 섹스로 해소하고자 한다. 물론 보통 사람들도 때때로 섹스와 사랑의 모험을 통해 내면의 문제에서 잠시 도망치지만, 그들은 섹스 중독자와 달리 통제력을 잃지는 않는다.

섹스 중독자들의 자기 묘사 역시 여느 중독의 형식과 일치한다. 여가 시간, 취미, 우정 등을 돌봄으로써 목적 의식적으로 만족하는 삶을 살지 못하는 무능, 침체된 기분, 심리적·도덕적 황폐, 가치관 상실, 자살 충동이나 자살 시도, 인간관계 상실, 다른 중독 물질이나 중독 행위로 갈아타기(K의 경우에는 술이었다), 떨칠 수 없는 공허감이나 권태. 이들은 이런 공허감에 맞서기 위해 섹스를 마약처럼 사용하는 것이다.

섹스 중독은 다른 모든 중독과 마찬가지로 끊는 것만이 유일한 해결책인 질병이다. 중독은 자기 의지로 어쩔 수 없는 강박에 의해 행해지기 때문에 이것을 끊기란 대단히 힘들다. 환자 혼자는 도저히 이겨낼 수 없는 심한 우울감이 생길 수도 있다. 그래서 방향 제시와 격려 그리고 금단 기간 동안 곁에서 도와줄 수 있는 사람들과 꾸준히 만나는 등의 지지가 필요하다.

섹스 중독자는 치료에 임할 때, 알코올 의존자와 마약 중독자가 술과 마약을 끊을 때 견뎌야 하는 것과 같은 심신의 고통을 각오해야 한다. 이를테면 공허감이 심해지고 패닉 반응과 금단 현상이 생기며 과연 섹스 없이 살 수 있을지 회의감이 든다. 중독 습관은 이미 정체성의 일부가 되어 평생 끊을 수 없을 것처럼 보인다. 그만큼 많은 노력과 더불어 전문가의 도움이 필요하다.

그러나 많은 섹스 중독 환자들이 강한 수치심 때문에 전문적인 도움을 청하지 못한다. 섹스 중독은 다른 중독 질환처럼 병으로 인지되기가 어렵고, 환자가 완전히 절망적인 상태에 빠졌을 때에야 비로소 병으로 인지된다. 그러므로 섹스 중독 역시 자신이 중독되었다는 사실을 인정하는 것이 바로 치료의 시작이라고 할 수 있다.

관계 중독 혹은
사랑 중독

자신의 정서적 결핍을 채우기 위해 연애나 결혼을 중독처럼 오용하는 사람들이 점점 많아지고 있다.[*]

관계 중독(혹은 사랑 중독)은 섹스 중독과 유사점이 아주 많다. 섹스 중독자가 섹스로 내적 결핍에 맞서는 것처럼, 관계 중독자는 사랑의 감정으로 내적 결핍에 맞서려 한다. 관계 중독의 이면에는 드물지 않게 정서적 학대나 성폭력이 숨어 있다.

관계 중독의 초기 단계에서는 짧게나마 긍정적 감정을 느낄 수 있다. 그러나 관계는 금세 파괴적으로 바뀌고, 집착하고 의존하

---

[*] 이런 증상의 배경에는 주로 경계선 성격 장애가 있다. 하인츠-페터 뢰어, 『카오스의 탈출구: 고슴도치 한스 신드롬 혹은 경계선 성격 장애 이해하기』 참고.

는 성향이 발달한다. 관계 중독자들은 이런 관계에 몹시 괴로워하면서도 관계를 끝내지 못한다. 현재의 관계를 대체할 새로운 관계가 시작되어야만 현재의 관계를 끝낼 수 있다. 그러나 새로운 관계에서도 곧 집착하고 의존하는 성향이 생기게 된다. 이런 관계의 대표적 특징은 공감 협박과 지속적인 주도권 다툼이다. 그 밖의 특징으로는 중독 물질의 지나친 소비, 폭행, 강간, 자살 위협이나 시위성 자살 시도를 꼽을 수 있다.

사랑과 집착은 자주 혼동되는 감정이다. 파트너에게 극단적으로 집착하는 사람은 그것이 사랑이라고 믿는다. 그들은 파트너에게서 자신을 분리하지 못하는 것을 사랑의 증명이라고 여긴다.

"파트너를 왜 사랑하십니까?"

"파트너의 어떤 면이 사랑스러운가요?"

이런 질문을 하면 그들은 당황하며 주로 애매모호한 대답으로 얼버무린다.

"한때 아주 멋졌죠. 성격도 좋아요."

그러나 그들의 마음속에는 상대에 대한 긍정적인 마음이 거의 남아 있지 않다! 파괴적 관계는 인격을 망친다. 증오, 패닉, 공격성과 함께 지독한 다툼이 자살을 부추기는 경우도 드물지 않다.

이런 관계 구조를 보다 넓은 연관성에서 살펴보면, 그들은 자신의 정서적 결핍과 문제를 연애나 결혼으로 덮으려 한다는 것을 알 수 있다. 문제의 근원을 해결하기보다 중독 물질에 의존하여 문제를 회피하는 물질 중독자와 비슷하게, 관계 중독자들은 연애나 결혼을 통해 자신의 결핍을 보상받으려 한다. 당연히 그들은 이것이 좋은 방법이 아니라는 사실을 인지하지 못한다.

그들은 기본적으로 불행의 원인을 애인이나 배우자의 (잘못된) 태도에서 찾는다. 여느 중독 질환과의 유사성이 명확히 드러난다고 할 수 있다. 그런데 객관적으로 문제가 아주 많은데도 불구하고 그 연애나 결혼을 정당화하려고 한다(통제력 상실).

환자가 스스로 이런 관계를 끝낼 (끊을) 준비가 되어 있지 않으면 관계 중독의 치료는 불가능하다. 예를 들어 중독 치료를 위해 입원한 환자가 치료 공동체의 다른 환자와 금세 단짝이 되어 늘 붙어 다니는 경우가 있는데, 그러다 보면 변화의 필요성을 못 느낀다. 그들은 예전과 똑같은 방식으로 관계에 몰입하고 모든 생각을 오로지 관계에만 집중한다.

성폭력 피해 생존자를 위한 자조 집단

최근 들어 성폭력 피해 생존자를 위한 자조 집단이 많이 생겨나고 있는데, 자조 집단은 성폭력 트라우마를 치유하는 데 중요한 역할을 한다. 피해자가 성폭력 피해 경험을 인지하고 그것을 다양한 방식으로 이야기할 수 있는 기회를 마련하기 때문이다. 자조 집단은 피해자가 자신의 경험을 편하게 이야기하고 자신과 같은 비극을 경험한 사람들이 많다는 사실을 깨닫게 한다. 진전된 치유 단계를 밟고 있는 '선배' 환자들이 새로운 참가자들의 모범이 되어 방향을 안내한다.

자조 집단에 적극적으로 참여하는 것은 물론 권장하지만, 자조 집단을 선택하기에 앞서 신중하게 점검하는 것도 잊지 말아야 한다. 남성 혐오를 조장하는 자조 집단도 있을 수 있기 때문이다. 몇

몇 환자들에 의하면, 그들은 자조 집단에서 레즈비언이 되도록 독려하거나 설득했다고 한다. 남자들에게 강한 증오심을 품게 하는 것은 치유 과정에서 의미 있는 단계로 볼 수도 있지만, 최종 목표는 언제나 이런 증오심을 극복하는 것이어야 한다.

예를 들어 급진적인 어느 여성 자조 집단은 스프레이와 몽둥이를 들고 포르노 영화관을 습격했다. 여기까지 이르면 이것을 더 이상 치유라 보기는 어렵다. 그들은 명백한 범죄를 저지른 것에 불과하다.

성폭력 피해 생존자를 위한 자조 집단의 목표는 사랑하는 능력과 건강한 성 생활을 발달시키는 것이기 때문이다. 전문가의 관점에서 볼 때 자조 집단이 중증 치료를 대체할 수는 없지만, 많은 사례를 통해 의미 있는 도움을 줄 수 있다는 것이 입증되었다.

자신을 사랑할 줄 아는 성숙한 부모만이 자식을 있는 그대로 사랑
할 수 있다. 그러려면 자신의 문제를 자식에게 대물림하지 말아야
한다. 아이의 고유한 인격을 발달시키려면 부모가 아이의 자율성을
믿어야 한다. 자유를 누린 아이만이 자유로워질 수 있다. 여기서 소
개하는 칼릴 지브란Khalil Gibran의 『예언자』에 수록된 「아이들에 대하
여」라는 시는 자식을 대하는 부모의 이상적인 태도로 본보기가 될
만한 글이다.

아기를 품에 안은 여인이 말했다. 아이들에 대해 말해 주십시오.

그러자 그가 말했다.

당신의 아이들은 당신의 아이들이 아니다.

그들은 스스로 자신의 삶을 열망하는 큰 생명의 아들과 딸들이다.

그들은 당신을 통해 태어났지만 당신으로부터 온 것은 아니다.

그러므로 그들이 당신과 함께 지낸다고 해도 당신에게 속한 것은 아니다.

당신은 아이들에게 당신의 사랑을 주되, 당신의 생각까지 주려고 하지는 마라.

아이들은 그들 자신만의 사명을 가지고 태어났기 때문이다.

당신은 아이들에게 몸이 거처할 집은 줄 수 있으나 영혼의 거처까지 줄 수는 없다.

아이들의 영혼은 당신이 꿈에서도 가볼 수 없는 내일의 집에 살고 있기 때문이다.

당신이 아이처럼 되려고 하는 것은 좋으나 아이들을 당신처럼 만들려고 하지는 마라.

삶이란 나아가는 것이며 어제와 함께 머무르지 않는다.

당신은 활이고 당신의 아이들은 삶의 화살로서 당신을 떠나 멀리 날아간다.

신은 무한한 길 위에 한 표적을 겨누고 화살이 보다 빨리,
보다 멀리 날아가도록 온 힘을 다해 그대들을 구부린다.
그러니 신의 손길로 화살이 당겨지는 것에 기뻐하라.
그분은 날아가는 화살을 사랑하는 만큼 흔들리지 않는
단단한 활 또한 사랑하시므로.●

● 칼릴 지브란, 「아이들에 대하여」, 『예언자』, 파트모스 출판, 2005.

추천의 글

•

'그 문제'는 당신의 잘못이 아니다

_권김현영 (『다시는 그전으로 돌아가지 않을 것이다』 저자, 여성학자)

추천사를 쓸지 말지를 두고 오래 고민하는 편은 아니다. 보통은 두 가지를 고민한다. '쓸 수 있는가.' '쓸 가치가 있는가.' 이 두 가지 질문을 통과하면 쓰고, 아니면 쓰지 않는다. 이 책 『괜찮아, 그건 네 잘못이 아니야』는 이 두 가지 질문에 대해 모두 세모였다. 쓸 수 있을 것도 같고, 아닐 것도 같았다. 쓸 가치가 없다고 생각했다가 매우 가치 있다고도 생각했다. 추천사를 쓰겠다고 했다가 이내 다시 번복하고 싶어졌다. 이러한 고민을 두 번쯤 반복하다가 어느 순간 망치에 얻어맞은 것처럼 깨달은 바가 있어 써야겠다고 결심했다. 친족 성폭력의 피해 생존자가 겪는 감정이 바로 이런 양가감정이라는데 생각이 미쳤기 때문이다.

　나의 오랜 친구이자 동료인 친족 성폭력 피해 생존자 K는, 자신이 다른 친족 성폭력 피해 생존자보다 운이 좋았다고 생각했다. 자신은 가해자인 아버지가 무섭고 밉기만 했지 다른 사람들처럼 양가감정은 들지는 않는다는 게 그 이유였다. 하지만 K의 양가감정은 다른 곳에서 왔다. 피해 경험에도 불구하고 다른 사람과 마찬가지로 동등하게 존중받기를 바라는 동시에, 그렇게 힘든 일을 겪은 자신은 특별 대우를 받을 만하다고 생각했다.

　K는 이 문제로 내내 인간관계에서 어려움을 겪었다. K는 자신이 사람들에게 원하는 게 뭔지 정확히 모르겠다고 했다. 나는 가끔 K에게 이렇게 말하고 싶었다. "원래 다들 그래. 네가 이상한 게 아니야. 사람들은 원래 자신이 무엇을 원하는지 잘 몰라." 하지만 말하지 못했다. 자신이 떠안은 고통을 나는 절대 모르기 때문이라고 생각할 게 분명했고, 그것도 사실이니까. 그때 나는 K에게, 네가 느끼는 감정의 변화와 변덕스러운 욕망이, 타인과 연결되고도 싶고 타인이 지옥이기도 한 그러한 상황이 그렇게까지 이상한 건 아니라고, 그렇게 불안해할 필요가 없다고 말해 주고 싶었다. "사람은 어느 정도 다 그래" 하고 진심으로 위로하고 싶었다. 그럼에도 불구하고 말하지 못했다. 아마도 '어느 정도'가 아닐 테니까. 왜 아니겠는가.

　친족 성폭력 피해 생존자들이 말하는 가장 큰 고통은 양가감정이다. 이건 가해자를 미워하기도 했다가 사랑하기도 했다가 하는 문제가 아니다. 타인에 대한 감정은 언제든지 변할 수 있고 그건 개인의 고유한 권리다. 누구도 감정을 강요할 수는 없다. 하지만 어떤 친족 성폭력 피해 생존자들은 자신이 어떤 감정을 느껴야 하는지조차 모르겠다고 한다. 책에 나오는 것처럼 성폭력 가해자이기도 한 아버지를 죽이고 싶을 만큼 미워했다가, "아버지의 사랑과 다정함을 잃고 싶지 않"고(40쪽) "아버지의 사랑을 독차지하면 그것으로 자신(딸)의 가치가 올라가는 것처럼"(39쪽) 생각하기도 한다. '사랑과 미움'이 널뛰는 문제가 아니라 그런 복잡한 마음을 가지는 자신을 결국 미워하게 되는 문제다. 인간관계는 누구나 어렵지만 친족 성폭력 피해 생존자들의 경우 관계에서 불안을 제거하는 것을 정말 어려워한다. 그들에게 가해자가 했던 말 중 지금도 귓가에 맴도는 것은 무엇인지 묻자 "사랑해", "너는 특별해", "너도 곧 나를, 섹스를, 이 상황을 전부 좋아하게 될 거야" 같은 말들이었다고 한다. 그들이 사랑과 존경, 우정과 친밀감 같은 따뜻한 감정을, 서로에게 상처 주지 않고는 주고받을 수 없다고 생각하는 것도 무리는 아니다.

* * *

『괜찮아, 그건 네 잘못이 아니야』라는 제목과 달리 이 책의 저자는 "그건 네 잘못이 아니야"라고 직접 말하지 않는다. 성폭력 피해 생존자가 수치심을 느끼게 하는 사회가 문제의 핵심이라고도 말하지 않는다. 대신 저자는 성폭력 피해 생존자들이 '착취를 사랑'이라고 착각하고 있고 '중독을 운명'이라고 체념하고 있다고 말한다. 책을 읽는 내내 나는 저자가 피해 생존자들에게 "이제 그만 거기에서 걸어 나와" 하고 말을 건네는 것만 같았다. "일이 이렇게 된 게 절대 네 잘못은 아니야. 하지만 네가 지금 느끼는 생각과 감정을 그대로 믿어서는 안 돼. 삶의 의미를 찾도록 도와주는 아름다운 사랑의 말들이 가해자에 의해 오염된 삶에서 스스로를 구출해 내야 해."

이 책은 독일 프레데부르크 중독 치료 병원에서 30년 이상 임상 경험을 쌓은 정신과 전문의 하인츠-페터 뢰어가 친족 성폭력 피해 생존자들의 심리 치유를 위해 진행한 독서 테라피 프로그램을 정리한 책이다. 소개 글에 따르면 피해 생존자들의 내면 치유를 위해 그림 형제의 동화 「털북숭이 공주」에 드러난 원형을 분석하고 심리 치료의 다양한 사례와 효과를 정리해 독일에서 큰 반향을 일으키며 베스트셀러가 되었다고 한다.

그런데 솔직히 말하자면 이 책을 읽는 동안 몇몇 부분은 나를 꽤나 불편하게 했다. 예를 들면 그림 형제의 동화 「털북숭이 공주」를 인용하며 어머니를 대자연과 모성으로 연결한 부분이나 반짝이는 드레스와 온갖 짐승의 가죽으로 만든 망토의 대비, 신뢰를 바탕으로 한 친밀한 관계에서 허용되는 건강한 퇴행과 성폭력 피해 생존자의 부정적 퇴행을 구분하지 않는 점도 위험한 해석이라고 생각한다. 특히 '아동 성폭력은 영혼의 살해'라는 식의 표현은 성폭력 피해 생존자들이 스스로의 삶을 의심하게 만들 수도 있다. 또한 저자의 말대로 성폭력 피해 이후 많은 피해 생존자들이 성적인 행위에 대해 긴장과 왜곡, 중독의 문제에 직면하는 것은 사실이지만, 이들 모두가 소위 '정상적 성관계'를 하기 위해 치유되어야 한다는 주장은 지나치게 협소하다. 저자는 성폭력 피해 생존자들에 대해 "비극적 사건의 트라우마는 성에 대한 두려움이나 혐오감을 낳고 성적 쾌락을 누리지 못하게 한다"(110쪽)며 "일상의 갈등을 해소하고 만족스러운 성관계를 가지기 위한 치료는 장기적인 과정이 될 수밖에 없다"(160쪽)고 말한다. 하지만 모든 피해자들이 이런 문제를 겪는 건 아닐 뿐더러, 피해 경험이 없는 사람도 성관계에 두려움을 느끼거나 관심이 전혀 없는 경우도 있다. 이렇게 꽤 많은 문장에 줄을 그었고 저자의 해석에 동의할 수 없다고 가위표를 쳤다.

그럼에도 불구하고 지금 독자들이 이 책을 만나야 하는 이유가 있다. 성폭력 피해 생존자들 중에는, 저자의 표현을 빌리자면 '희생자 콤플렉스'에서 벗어나지 못한 사람들이 점점 더 늘어나고 있기 때문이다. 스스로를 그렇게 비극적인 세계에 가두고 있는 이들에게 저자가 건넨 말이 가 닿기를 간절히 바라는 마음으로 이 추천사를 쓴다.

상황이 나아질 거라 믿지 못하고 체념한 사람은 고통 없는 삶이 무엇인지 알지 못한다. 그러니 더 이상 희생자 콤플렉스의 정체성에 매몰되지 말자. 희생자 콤플렉스에서 벗어나자. 다른 삶이 가능하다는 걸 믿자. 그래야 현실이 변한다. 이 책은 당신이 괜찮아질 수 있는 이유에 대해 알려준다. 그렇다. 그 문제는 당신의 잘못이 아니다. 그러니 당신은 계속 거기에 있으면 안 된다. 당신은 그보다 더 나은 삶을 살 자격이 충분하다.

- BASS, E.; DAVIS, L.: Trotz allem. Wege zur Selbstheilung für Frauen, die sexuelle Gewalt erfahren haben. 15., aktualisierte und erweiterte Neuaufl. Orlanda, Berlin 2009.

- BRÜDER GRIMM: Kinder-und Hausmärchen. 15. Aufl. Artemis & Winkler, Düsseldorf/Zürich 1997.

- DREWERMANN, E.: Tiefenpsychologie und Exegese. Bd. I: Die Wahrheit der Formen. 8. Aufl. Walter, Olten 1990.

- FERENCZI, S.: Sprachverwirrung zwischen dem Erwachsenen und dem Kind. In: Schriften zur Psychoanalyse. Bd. II. 2. Aufl. Psychosozial Verlag, Gießen 2004.

- FORBES, D. ET AL.: Brief report: treatment of combat-related nightmares using imagery rehearsal: a pilot study. In: Journal of Traumatic Stress 14.2, S. 433-442.

- GIBRAN, K.: Der Prophet. 2. Aufl. Patmos, Düsseldorf 2005.

- HIRSCH, M.: Realer Inzest. Psychodynamik des sexuellen Missbrauchs in der Familie. 2. Aufl. Psychosozial Verlag, Gießen 1999.

- KERNBERG, O. F.: Borderline-Störungen und pathologischer Narzißmus. 15. Aufl. Suhrkamp, Frankfurt a. M. 2009.

- KLOPSTECH, A.: Das Trauma sexuellen Mißbrauchs: Wo Berührung mißhandelt hat und wie Berührung heilen kann. In: Forum der Bioenergetischen Analyse 2/96.

- KRYSTAL, P.: Die inneren Fesseln sprengen. Befreiung von falschen Sicherheiten. Ullstein, Berlin 2004.

- MAHLER, M. S.; PINE, F.; BERGMANN, A.: Die psychische Geburt des Menschen. Symbiose und Individuation. S. Fischer, Frankfurt a. M. 1980. (한국어 번역본: 마가렛 S. 말러, 『유아의 심리적 탄생』, 이재훈 역, 한국심리 치료연구소, 1997.)

- REDDEMANN, LUISE: Imagination als heilsame Kraft. Zur Behandlung von Traumafolgen mit ressourcenorientierten Verfahren. 14., durchges. Aufl. Klett-Cotta, Stuttgart 2008.

- RICHTER, H.-E.: Eltern, Kind und Neurose. 31. Aufl. Rowohlt, Reinbek b. Hamburg 2003.

- ROHDE-DACHSER, C.: Das Borderline-Syndrom. 7., vollst. überarb. u. erw. Aufl. Huber, Bern 2004.

- RÖHR, H.-P.: Die vierte Seite des Suchtdreiecks. Über die Bedeutung von Spiritualität und Religiosität in der Therapie. In: Fredeburger Hefte Nr.4/1994, S. 22-31.

- RÖHR, H.-P.: Weg aus dem Chaos. Das Hans-mein-Igel-Syndrom oder Die Borderline-Störung verstehen. 9. Aufl. Patmos, Düsseldorf 2006.

- RÖHR, H.-P.: Das Gleichnis vom verlorenen Sohn - Schuld, Neid und

Eifersucht. In: Fredeburger Hefte Nr. 1, o. J.

• SACHSSE, U.: "Blut tut gut". Genese, Psychodynamik und Psychotherapie offener Selbstbeschädigung der Haut. In: Hirsch, M.: (Hg.) Der eigene Körper als Objekt. Zur Psychodynamik selbstdestruktiven Körperagierens. 2. Aufl. Psychosozial Verlag, Gießen 1998.

• SALIER, H.; SALIER, R.: Sexueller Missbrauch von Kindern. Diagnostische und therapeutische Aspekte. In: Pädiatr. Prax. 33, S. 573-580.

• SHENGOLD, L.: Child abuse and deprivation: Soul murder. In: J. Am. Psychanal. Assoc. 11, S. 725-751.

• SHAPIRO, F.; FORREST, M.: EMDR in Aktion. Die neue Kurzzeit-Therapie in der Praxis. Junfermann, Paderborn 2007. (한국어 번역본: 프랜신 셔피로, 『EMDR 불안, 스트레스, 충격적 사건을 극복하기 위한 치료법』, 강철민 역, 하나의학사, 2008.)

• WASSMO, H.: Das Haus mit der blinden Glasveranda. (노르웨이 원제: Huset med den blinde glassveranda) München 1984.

• WILBER, K.: Das Spektrum des Bewußtseins. 6. Aufl. Rowohlt, Reinbek b. Hamburg 2003. (한국어 번역본: 켄 윌버, 『의식의 스펙트럼』, 박정숙 역, 범양사, 2006.)

• WIRTZ, U.: Seelenmord. Inzest und Therapie. Kreuz, Zürich 1989. Neuauflage: Kreuz, Stuttgart 2005.

괜찮아,
그건 네 잘못이 아니야

1판 1쇄 인쇄 2021년 8월 2일
1판 1쇄 발행 2021년 8월 20일

지은이 하인츠-페터 뢰어
옮긴이 배명자
펴낸이 이선희

책임편집 원예지
편집 이선희 구해진 이희연
저작권 김지영 이영은
모니터링 이원주 이소정 정승민 방선영
디자인 이현정
마케팅 정민호 김도윤
홍보 김희숙 이가을 함유지 이소정 이미희 김현지 박지원
제작 강신은 김동욱 임현식
제작처 영신사

펴낸곳 (주)나무의마음
출판등록 2016년 8월 25일 제406-2016-000107호
주소 10881 경기도 파주시 회동길 210
문의전화 031-955-2696(마케팅) 031-955-2683(편집) 031-955-8855(팩스)
전자우편 sunny@munhak.com

ISBN 979-11-90457-16-3 03180